TERAPIA GESTALT

Amat Editorial, sello editorial especializado en la publicación de temas que ayudan a que tu vida sea cada día mejor. Con más de 400 títulos en catálogo, ofrece respuestas y soluciones en las temáticas:

- Educación y familia.
- Alimentación y nutrición.
- Salud y bienestar.
- Desarrollo y superación personal.
- Amor y pareja.
- Deporte, fitness y tiempo libre.
- Mente, cuerpo y espíritu.

E-books:
Todos los títulos disponibles en formato digital están en todas las plataformas del mundo de distribución de e-books.

Manténgase informado:
Únase al grupo de personas interesadas en recibir, de forma totalmente gratuita, información periódica, newsletters de nuestras publicaciones y novedades a través del QR:

Dónde seguirnos:

 | @amateditorial

   | Amat Editorial

Nuestro servicio de atención al cliente:
Teléfono: **+34 934 109 793**
E-mail: **info@profiteditorial.com**

Chantal Higy-Lang
Charles Gellman

TERAPIA GESTALT

Inteligencia relacional para vivir mejor

La edición original de esta obra ha sido publicada en lengua francesa por Eyrolles con el título original de *La Gestalt-thérapie expliquée à tous*, de Chantal Higy-Lang y Charles Gellman.

© 2007 Groupe Eyrolles, Paris, France

© Profit Editorial I., S.L., 2017
 Amat Editorial es un sello de Profit Editorial I., S.L.
 Travessera de Gràcia, 18; 6° 2ª; Barcelona-08021

Traducción: Betty Trabal
Diseño cubierta: XicArt
Maquetación: Eximpre SL

ISBN: 978-84-10451-51-3
Depósito legal: B 22598-2025

Impreso por: Gráficas Rey
Impreso en España – *Printed in Spain*

Índice

Prólogo

Lo que cuenta es ser verdadero, y así todo se inscribe, la humanidad y la simplicidad. ¿Y cuándo soy más verdadero que cuando soy el mundo? Estoy satisfecho antes de haber deseado. La eternidad está allí y yo la espero. Ahora no deseo ser feliz, solamente deseo ser consciente.

ALBERT CAMUS, *El revés y el derecho*

Los sufrimientos que nos llevan a realizar una terapia son numerosos: soledad persistente, conflictos relacionales, traumas de la infancia, falta de crecimiento, síntomas difíciles de manejar, angustia, crisis existenciales... En esta llamada a la ayuda hay por lo menos dos esperanzas: pretendemos descubrir lo que nos pasa (es la apuesta de la lucidez) y queremos vivir lo que percibimos y sabemos del mundo (es la apuesta de vivir bien).

En el inmenso campo de las psicoterapias, las diferencias de perspectivas teóricas y de modalidades prácticas que las acompañan son la expresión de la diversidad de sufrimientos, de la variedad de deseos manifestados por los que se acogen a ellas y de los proyectos latentes que las sostienen.

Entre las terapias teórico-clínicas existentes, la terapia Gestalt es una de las más prometedoras. Fritz Perls, su fundador, fue un móvil integrador. Asimiló una buena parte del psicoanálisis de Freud y después se volvió hacia disidentes como Willhelm Reich, Karen, Horney, Otto Rank o Erich Fromm. Y durante su periodo americano (especialmente durante su estancia en el Instituto de Esalen), se alimentó de la mayoría de las terapias humanistas: el psicodrama* de Moreno, la dinámica de grupo, el análisis transaccional,* los grupos de encuentro* de Rogers la bioenergía,* etc. Es decir, que el método que él fundó es un compendio de numerosas fuentes.

Después, como todo método, la terapia Gestalt se especializó, pero ha sabido conservar este pluralismo que contribuye a su riqueza. Insiste, de una manera notable y juiciosa, en los siguientes elementos: las cuestiones de la copresencia y la exploración de los procesos intersubjetivos, la acción como vía para la liberación y la toma de conciencia de lo que ocurre en el presente.

Sobre este último punto, recordemos uno de los mensajes fundamentales del filósofo Spinoza: «La eternidad es ahora».[1] La psicoterapia trata de centrarse en lo que se piensa y se siente aquí y ahora, y también sobre lo que Horacio denominó el Carpe Diem («aprovechar el momento»). Se trataría de vivir el instante, de aprovechar el momento presente, de disfrutar de los placeres cuando vienen...

Se trata de un programa aparentemente sencillo, pero inaccesible para la mayoría de nosotros porque no podemos vivir el instante. Vivir el presente es un camino menos utópico aunque también muy difícil. El presente no es una suma de instantes sino una corriente temporal, una duración que no se puede vivir sin relacionarla deliberadamente con el pasado o el futuro. Centrarse en lo que se está viviendo aquí y ahora es fundamental, pero no nos dicen qué tenemos que hacer cuando nuestra vida no es agradable, cuando nos invade el dolor y la angustia, cuando el placer es diferido o imposible... «Aprovechemos el momento», pues, pero no renunciemos por ello a la reflexión, a la acción, a los proyectos de vida ni a las aspiraciones espirituales que Epicuro denominaba «bienes inmortales».

---

1. Spinoza, *Éthique*, Garnier-Flammarion, 1993.
* Los términos que tienen asterisco se explican en el glosario, al final del libro

Sabiendo que no te puedes quedar atrapado en las historias del pasado, la terapia Gestlat es, decididamente, una práctica del futuro, un acompañamiento del ser en movimiento. Además, es una terapia totalmente relacional que se puede calificar de «fraternal», puesto que los problemas afectivos de los vínculos interhumanos se tratan con implicación y respeto.

Pero no olvidemos que son más importantes los terapeutas que el método en sí. Sobre todo si tenemos en cuenta que este método es un modo de ser y un arte de vivir, y no todos los terapeutas están suficientemente avanzados en este camino.

En el vocabulario de la psicoterapia hay una palabra especialmente importante: es la palabra *aceptación*. *Aceptar* es acoger, recibir, consentir, es decir sí a lo que eres y a lo que te ocurre. Y al mismo tiempo, se trata de poder continuar articulando la palabra *no*, pero en el buen sentido: no al pensamiento malhumorado, no a las quejas continuas, no a aquello que alimenta las causas de nuestro sufrimiento. Y también, desobedecer a tu propia nostalgia y abrir brechas hacia otras aspiraciones. ¡Un programa difícil pero verdaderamente justo!

Para quien sepa seguir este programa, para quien sepa vivir de verdad en el mundo, con su silencio, con su naturalidad, en su pura realidad, la angustia se disipará, y con ella, la necesidad de cualquier terapia, no porque hayamos encontrado un sentido sino porque nos habrá dejado de faltar. Esta es la sabiduría fundamental de *El Extranjero*, de Camus: «Vacío de esperanza, ante esta noche llena de señales y de estrellas, me abro por primera vez a la tierna indiferencia del mundo. Al sentirla parecida a mí, tan fraternal, he sentido que he sido muy feliz y que lo sigo siendo...».

Al leer este libro, te darás cuenta de que la terapia Gestalt es un método sutil. Esto es lo que Chantal Higy-Lang y Charles Gellman, terapeutas y pedagogos experimentados, nos muestran con rigor y talento.

ALAIN DELOURME[2]

2. Doctor en Psicología, psicoterapeuta, formador y supervisor, Alain Delourme es coautor, junto con Edmond Marc, del libro *Pratiquer la psychothérapie* (Dunod, 2004), de *La supervision en psychanalyse et en psychothérapie* (Dunod, 2007) y autor de *Construisez votre avenir* (Seuil, 2006).

Introducción

Este libro presenta un enfoque histórico de los fundamentos de la Gestalt para interesarse después por los métodos y conceptos principales, destacando, al mismo tiempo, las formas de trabajar individualmente, en grupo y en pareja, y las diversas utilidades en el plano personal, social e institucional.

La Gestalt es un enfoque psicológico original que asocia técnicas verbales, emocionales y corporales, comportamentales y grupales. Esta asociación de diferentes técnicas es un planteamiento creativo en tanto que es un modo de funcionamiento único. La Gestalt es una terapia coherente e integradora y no una asociación ecléctica de diversas tendencias psicológicas y psicoanalíticas.

Se interesa, ante todo, por los procesos unificadores e integradores y permite a cada terapeuta desarrollar su propio estilo personal en el campo de la psicología. La formación y la experiencia de los psicoterapeutas gestaltistas les confieren una inversión afectiva y unas cualidades del corazón normalmente excepcionales. La Gestalt es un método desafiante para el psicoterapeuta, que tiene que implicarse también, saber arriesgar, experimentar cambios, ser creativo y, al mismo tiempo, ajustarse a la realidad concreta de las situaciones de los pacientes/clientes y de su vida.

La Gestalt es, por supuesto, una terapia, con sus técnicas, sus posturas y sus conceptos, pero también es un arte de vivir para el terapeuta y para el cliente*/paciente. Les permite, muchas veces, encontrar su camino en la vida, por lo que es un enfoque filosófico existencial. Y no se detiene cuando concluye la sesión individual o de grupo, sino que continúa, una vez finalizada, en la manera de pensar, de actuar, de entender el mundo y las personas. *La Gestalt es también una inteligencia relacional:* permite instaurar un contacto fuerte y profundo con los otros. Es una terapia activa, animada, sensorial, centrada en el presente y en el futuro, y en la búsqueda de soluciones.

La Gestalt se utiliza también en las empresas e instituciones. Conceptos como el enfoque holístico (véase el pentagrama de Serge Ginger), el ciclo del contacto o las evitaciones e interrupciones del contacto son los pilares sobre los que es posible basarse para las intervenciones en los medios profesionales y pedagógicos.

A lo largo del libro descubrirás que es posible *experimentar las palabras, las sensaciones, las emociones y la imaginación en un marco agradable, permisivo y seguro.* Estas experiencias tienen efectos correctores y reparadores. Después de las etapas experimentadas vienen las etapas de análisis y reflexión teórica sobre lo vivido. *Se pone énfasis sobre todo en cómo cambiar la experiencia y no en por qué esa experiencia funciona mal*, y es precisamente esto lo que hace que sea una terapia singular y... ¡eficaz!

PRIMERA PARTE

HISTORIA
DE LA GESTALT

Capítulo 1

La Gestalt, actor del movimiento existencial humanista

Este capítulo, que trata la filosofía existencialista y la psicología humanista,* es original por lo que se refiere a una psicoterapia. La Gestalt tiene también una dimensión espiritual. No es solamente una atención o una ayuda psicológica, es también una visión del hombre y del mundo.

El existencialismo

Como indica la célebre obra de Sartre *El existencialismo es un humanismo*, el existencialismo es una doctrina que se interesa principalmente por el hombre, su existencia y su razón de ser en el mundo. A su manera, y de una forma bastante radical, Camus ha expresado el *leitmotiv* de esta filosofía: «Solo hay un problema filosófico verdaderamente serio: el suicidio. Juzgar si vale la pena vivir o no es la respuesta a la cuestión fundamental de la filosofía».[3]

Según esta doctrina, la existencia es la manera de ser propiamente humana. El hombre solo posee la existencia. Más precisamente, no la

_____

3. Albert Camus, *Le mythe de Sisyphe*, Gallimard, 1985.

posee, es su existencia. La existencia se crea a sí misma en la libertad. Es un esbozo, un anteproyecto. Cada instante, la existencia es más (o menos) lo que es.

Los existencialistas rechazan la distinción entre sujeto y objeto, y desprecian también el conocimiento puramente intelectual. El conocimiento no se adquiere por la razón, sino por la experimentación* de la realidad. Esta experimentación tiene lugar en la angustia por la cual el hombre sabe de su finitud y de la fragilidad de su posición en el mundo.

Los temas principales del pensamiento existencialista

Édouard Mounier, en su obra *Introducción a los existencialismos*,[4] habla de los doce temas principales de esta doctrina y son los siguientes:

- *La contingencia del ser humano:* El ser humano no es un ser necesario; cada uno de nosotros podríamos no ser. «El hombre está aquí, porque sí, sin razón; está de más» (J. P. Sartre).

- *La impotencia de la razón:* La razón no es suficiente para que el hombre entienda su destino. Le hace falta guiarse también por su alma profunda, que es lo que yo denomino «el corazón».

- *El traspaso del ser humano:* El existencialismo no es una filosofía de la tranquilidad; invita al hombre a hacer su vida a través del esfuerzo, trascendiendo en cada instante su estado actual.

- *La fragilidad del ser humano:* Siempre estoy expuesto a perderme, a destruirme como ser humano, porque yo no existo como tal sino por mi esfuerzo. De aquí, nuestro sentimiento de angustia.

- *La alienación:* El hombre que se pierde, pierde su identidad: ya no le queda el dominio ni la posesión de sí mismo.

- *La finitud y la urgencia de la muerte:* Los filósofos existencialistas reaccionan vivamente contra nuestra tendencia a disimular esta

---

4. Édouard Mounier, *Introduction aux existenentiacialismes*, Gallimard, 1962.

verdad primordial de que nuestra vida se dirige sin remedio hacia la muerte.

- *La soledad y el secreto:* Todo ser humano tiene la tendencia a sentirse solitario, impenetrable por los demás.

- *La nada:* Es especialmente el existencialismo ateo o el que insiste en esta idea de que el hombre es un ser de la nada.

- *La conversión personal:* El hombre no debe vivir despreocupado de su destino, sino que tiene que acceder a una vida realmente personal y consciente.

- *El compromiso:* El hombre es libertad y para hacer su vida debe optar, elegir, comprometerse por lo que se refiere a su destino y a su relación con los demás.

- *El otro:* El hombre constata que en realidad no está solo; hay otras personas con las que tiene que vivir. El ser humano, escribe Heidegger, es «un ser con» *(Mitsein).*

- *La vida expuesta:* El hombre debe actuar, osar, jugar su vida bajo la mirada inevitable de los demás.

El hombre es fundamentalmente libre

El hombre, según Sartre, es el único guía de sí mismo. Él se crea a sí mismo, él crea su ser, sus ideales, sus valores por su propia iniciativa, de una manera totalmente gratuita.

Esta libertad, que es la particularidad del ser humano, existe porque en el corazón mismo del para-ser hay un vacío, una nada, una fisura impalpable que le permite dar luz a sí mismo y hacer una elección que no está determinada ni por su pensamiento ni por su medio.

El para-sí, según Sartre

Es el hombre dotado de conocimiento y libertad. Es el ser de la conciencia, que no es un ser encerrado en sí mismo sino un ser en relación: toda conciencia es conciencia de alguna cosa. El para-sí es el ser libre, el que posee el poder de autocreación absolutamente independiente.

El para-sí es opuesto al en-sí, que es la existencia bruta, la naturaleza. El en-sí pertenece al dominio de la esencia, de lo determinado.

Los motivos nos impulsan a la acción libre, pero no la determinan porque entre los motivos (que son la fuente del determinismo) y la acción libre (que es indeterminada) existe un vacío, una nada, un lugar donde se ejerce la libertad.

Yo no creé mi libertad, estoy obligado a ejercerla, a afirmarla. No puedo elegirla, porque ya está elegida, igual que «el hombre está condenado a ser libre».[5] El ser humano es un artesano que debe hacerse a sí mismo.

Normalmente, para fabricar un objeto, por ejemplo, un abrecartas, hace falta que el artesano conozca la naturaleza de ese objeto, su esencia y su definición. Así pues, en este caso, la esencia, es decir, la naturaleza propia del objeto, viene antes que la existencia. Pero el hombre, al tratarse de una realidad para hacer, no es obra de un artesano (no deriva de un Dios creador, por ejemplo) que lo haya hecho a partir de un plan, de un modelo, de una naturaleza determinada. Dicho de otra manera, no hay naturaleza humana.

El hombre se forja a sí mismo, se crea a medida que va tomando libres decisiones. Por eso, antes de definirse como persona, tiene que ser, comprometerse, producir. Mi esencia, en el momento de mi muerte, será la totalidad de los actos que haya conseguido en el transcurso de mi vida.

Perls se sintió seducido por la filosofía de Sartre, hasta tal punto que le hubiera gustado denominar a la Gestalt «análisis existencial».

---

5. Sartre, *El existencialismo es un humanismo*, Gallimard, 1996.

La psicología humanista

Los personajes clave de la corriente humanista

La corriente de la psicología humanista,* cuyas raíces son muy antiguas, se afirmó en los años sesenta con la psicología de Abraham Maslow, conocido por su «pirámide de las necesidades». Los psicólogos James Bugental y Rollo May crearon «el método existencial humanista». Carl Rogers, también psicólogo, creó «el método centrado en la persona». Eric Berne fue el creador del análisis transaccional,* y Fritz Perls, por último, figura como investigador de la terapia Gestalt. Todos estos movimientos han transformado el pensamiento filosófico existencialista en un método psicológico y psicoterapéutico.

Se trata, ante todo, de recolocar a la persona en el centro de la investigación psicológica. Se oponen al conductismo, que rechaza incluir la conciencia («la caja negra») en la psicología porque no es medible, y al mismo tiempo, al determinismo del psicoanálisis. La psicología humanista (la «tercera fuerza») sostiene que la conciencia, la subjetividad, los valores, la libertad, la creatividad y la responsabilidad están en el centro de lo que constituye una persona.

La psicología humanista hace de la persona el centro de su campo de interés. Esto puede parecer evidente, pero si estudiamos la psicología contemporánea, veremos que son la enfermedad, el método de tratamiento, el psicoterapeuta e incluso la química del cerebro y los genes los que ocupan el lugar principal.

Los principios de la psicología humanista

■ La libertad del individuo

En la psicología humanista, se reconoce la importancia de la influencia que las elecciones ejercen en el comportamiento de cada persona. Se considera que los automatismos y las fuerzas inconscientes que determinan, en ocasiones, nuestras acciones pueden ser contrarrestados u orientados por elecciones conscientes y voluntarias. La libertad no es una garantía de éxito, sino una capacidad sujeta a la calidad de nuestra comprensión de la situación, a la precisión de nuestras predicciones y a los obstáculos imprevisibles que pueden surgir en un momento dado. La única garantía que nos da la libertad es la de ser responsables de nuestras elecciones y de sus consecuencias.

■ La conciencia

La conciencia también es una característica fundamental de los humanos. La psicología humanista considera que esta conciencia, junto con la libertad, puede tener una influencia superior a la de los automatismos o a los rasgos que heredamos.

■ El crecimiento

El objetivo principal de la psicología humanista es el crecimiento personal, la expresión total de su vitalidad. La existencia de una persona no podría sacrificarse por una causa, una ideología o una religión sin degradarse profundamente.

■ La unicidad del individuo

Cada individuo es único en la tierra y en la historia. A lo largo de su vida, se va definiendo por las elecciones que toma y por los objetivos que persigue. Se distingue cada vez más de los individuos que le rodean, aunque comparta la misma cultura y el contexto, y aunque experimente gran parte de las influencias de su ambiente. Se individualiza por las elecciones que hace para adaptarse a su entorno.

■ Un sistema de acción

Nuestra libertad sería inútil si no tuviéramos los medios para transformar nuestras elecciones en acciones reales que actúen sobre nosotros mismos y sobre nuestro entorno. Cada humano posee las herramientas necesarias para materializar su libertad; es capaz de cambiarse a sí mismo y de cambiar su situación. Nuestros mecanismos de acción deben incluir la capacidad de reajustar nuestra acción y nuestra elección en función de los resultados que obtengamos.

■ La tendencia a actualizar

Esta tendencia nos empuja a ser la mejor versión que podemos ser, teniendo en cuenta nuestras capacidades y nuestros límites. Nos impulsa a hacerlo desarrollando al máximo nuestros recursos físicos, mentales y psíquicos. Nos deja a nosotros la libertad de elegir los dominios en los que buscamos crecer, pero orienta nuestros esfuerzos hacia una búsqueda de calidad.

Es porque somos capaces de crecer, de aprender y de explorar por lo que podemos explotar las posibilidades de nuestro deseo de crecer.

- El crecimiento nos permite alcanzar el formato (físico y mental) que corresponde a nuestra identidad.

- El aprendizaje nos permite sobrepasar los límites de la experiencia inmediata para desarrollarnos teniendo en cuenta lo que ya hemos vivido y lo que los otros nos han hecho conocer de su experiencia.

- La exploración y la experimentación nos permiten ir al reencuentro de los seres, de los objetos y de los acontecimientos que enriquecerán nuestra comprensión de nuestro universo personal.

El punto de vista opuesto al de la psicología humanista

El punto de vista opuesto al de la psicología humanista propone que la persona se adapta y se conforma ciegamente con las reglas implícitas o explícitas de su medio. Se trataría de hacer sacrificar su existencia en función de algo del más allá, de una causa o de un líder dominador.

Los objetivos de la persona estarían determinados por los otros (los padres, la empresa, un partido político, una secta...), independientemente de las preferencias del individuo, e incluso, sin que él sea consciente.

Este punto de vista consideraría la persona como un animal doméstico que se comporta como él desea. El conocimiento de los mecanismos heredados genéticamente (reflejos y reacciones instintivas), el dominio de la educación (adiestramiento) y el acceso al poder social de aquellos que son capaces de tomar decisiones aplicables a todos («Big Brother») permitirían entonces crear una sociedad totalmente formateada, «un mundo feliz», según Aldous Huxley.

En resumen

El ser humano es único y libre, y por tanto, responsable en esta visión existencial-humanista. Es pues inútil buscar responsables en su familia, genealogía o sociedad. «Yo no soy responsable de lo que soy, pero soy responsable de lo que hago con lo que soy», dice Serge Ginger.[6] La Gestalt no anima a seguir siendo la víctima.

---

6. Serge Ginger, *La Gestalt, una terapia de contacto*, Hommes et Groupes Éditeurs, 2003.

Capítulo 2

Fundamentos, precursores y fundadores

La historia de la Gestalt es interesante porque no es un sistema esotérico aparecido recientemente, sino un método integrador que ha adquirido su forma actual gracias al trabajo de reflexión y aplicación de filósofos, psicólogos, sociólogos, psicoanalistas y psicoterapeutas muy reconocidos.

Los fundamentos de la Gestalt

La psicología de la forma

La psicología de la forma es una teoría general que ofrece un marco para diferentes conocimientos psicológicos y su empleo. Se considera al ser humano como un sistema abierto donde él interactúa activamente con su entorno en la «frontera-contacto».*

Esta teoría ofrece sobre todo acceso a la comprensión del orden en los acontecimientos psíquicos. Al elementarismo* (o punto de vista analítico) se oponen clásicamente las concepciones holísticas (del griego *holos*, «global») de los contenidos de la conciencia o de las conductas. Los contenidos de la conciencia o de las conductas son las totalidades que no pueden descomponerse en partes (o en procesos) elementales.

Es en este enfoque holístico en el que se basa la Gestalt. Es lo mismo que cuando reconoces una música o una voz sin tener que descomponerla en notas o vibraciones.

La psicología del acto de Franz Brentano (1838-1917)

En 1874, Brentano publicó su *Psicología desde el punto de vista empírico*. Para él, la psicología es el estudio de los fenómenos psicológicos y no de los contenidos de la conciencia. La fuente de datos es la percepción espontánea y no la observación interna sistemática. Define su psicología como una psicología del acto, en oposición a la psicología del contenido. Brentano es el precursor de la fenomenología.*

El origen de la palabra *Gestalt*

La palabra alemana *gestalt* se traduce por «forma» o «estructura». Así pues, la *teoría Gestalt* significa «la teoría de la forma», pero se trata en realidad de algo tan complejo que ninguna palabra puede definirla exactamente. Se ha conservado el término «Gestalt» tanto en francés, como en inglés, en ruso o en japonés.

Christian von Ehrenfels (1859-1932) en el origen de la palabra *Gestalt*

Christian von Ehrenfels, que estudió con Brentano en Viena, fue quien utilizó por primera vez la palabra «Gestalt» con su significado psicológico actual. En 1890 escribió la obra *On Gestalt Qualities*. Entre sus estudiantes figura Max Wertheimer, quien desarrolló la psicología Gestalt* con Wolfgang Köhler.

El verbo *gestalten* significa «poner en forma», «dar una estructura significante». La Gestalt es pues una forma estructurada y completa que tiene sentido para nosotros.

Por ejemplo, una mesa tiene un significado diferente para nosotros según esté cubierta de libros y papeles, o de un mantel y platos (su «Gestalt» total ha cambiado). En un caso, la mesa es un despacho de trabajo, y en el otro, es una mesa para comer.

Otro ejemplo: cuando miramos las estrellas, cada una de ellas es un estímulo visual. Sin embargo, podemos organizarlas fácilmente en constelaciones, en un conjunto formado de estímulos. Así pues, la imagen mental que tenemos en la cabeza es una forma y puede ser evaluada por nuestra mente como tal, por ejemplo, denominándola «la Osa Mayor».

De hecho, desde que nacemos, la primera «forma» importante que reconocemos es una «Gestalt»: es la cara de nuestra madre. Los recién nacidos todavía no perciben los detalles, pero la forma global es significativa para ellos. Nuestras percepciones obedecen a una serie de leyes. Así, una totalidad (en este ejemplo, el rostro humano) no puede reducirse a la simple suma de los estímulos percibidos; también así, el agua es algo más que oxígeno e hidrógeno, y una sinfonía es algo más que una sucesión de notas.

Vemos así que el todo es diferente a la suma de sus partes. La teoría dice que una parte de un todo es otra cosa que esa misma parte aislada o incluida en otro todo, porque adquiere las propiedades particulares de su lugar y de su función dentro del todo: un grito durante un juego no es lo mismo que un grito en una calle desértica; estar desnudo en la ducha no es lo mismo que pasearse desnudo por la calle.

Para entender un comportamiento o una situación, es pues importante hacer el análisis, pero sobre todo tener una visión sintética, percibirlos en el conjunto más amplio del contexto global, tener una visión más amplia: el contexto es muchas veces más significativo que el texto («com-prender» es entender el conjunto).

Los grandes principios de la Gestalt

■ La percepción de la realidad

El mundo, los procesos perceptivos y los procesos neurofisiológicos son isomorfos, es decir, están estructurados del mismo modo. En cierta manera se asemejan en sus estructuras y en sus leyes. No existen percepciones aisladas, puesto que la percepción está inicialmente estructurada. Toda percepción es una reconstrucción de la realidad.

A modo de ilustración, lee el siguiente texto:

«Sgeun un etsduio de una uivenrsdiad ignlsea, no ipmotra el odren en el que las ltears etsan ersciats, la uicna csoa ipormtnate es que la pmrirea y la utlima ltera esten ecsritas en la psiocion cocrrtea. El rsteo peuden estar ttaolmntee mal y aun pordas lerelo sin pobrleams. Etso es pquore no lemeos cada ltera por si msima snio la paalbra cmoo un tdoo...».

Otro ejemplo es el nuevo estilo de escritura en los teléfonos móviles al enviar mensaje de cualquier tipo.

La percepción es una separación de la figura sobre el fondo (ejemplo: el vaso de Rubin).

El vaso de Rubin

Según cómo se mire, esta figura parece un vaso negro sobre un fondo blanco, o dos caras blancas que se miran en un fondo negro.

Se percibe antes el todo que las partes que lo forman. Por ejemplo, la letra R se reconoce inmediatamente y no como una P que tuviera una pequeña línea adicional.

La estructuración de las formas no se hace al azar, sino según determinados principios naturales que se imponen al sujeto que los percibe. Estos principios son los siguientes:

La buena forma: Un conjunto de partes uniformes (como los grupos aleatorios de puntos) tiende a ser percibido antes (espontáneamente) como una forma. Esta forma se ve simple, simétrica, estable; en definitiva, una buena forma.

La buena continuidad: Los puntos próximos tienden a representar las formas; cuando los vemos, los percibimos antes en una continuidad, como si fueran prolongaciones de unos con respecto a otros.

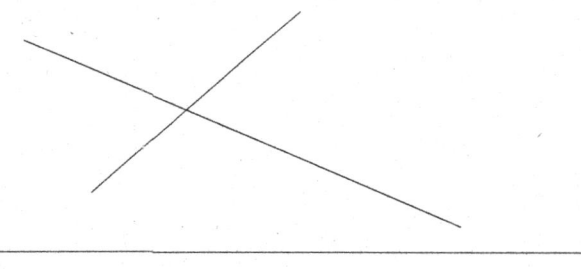

La buena continuidad

La proximidad: Reagrupamos antes los puntos que están más cerca de los otros.

La proximidad

Aquí, tendemos más a ver tres líneas de estrellas que catorce conjuntos verticales de tres estrellas.

Otro ejemplo: la Osa Mayor es una de las grandes constelaciones del cielo. Sin embargo, estas estrellas no tienen relación entre ellas puesto que están situadas a distancias diferentes, entre 80 y 1.700 años luz de nuestro sistema.

La similitud: Si la distancia no permite reagrupar los puntos, procuraremos ver los más similares entre ellos para percibir una forma.

```
OXXXXXXXXXX
XOXXXXXXXXX
XXOXXXXXXXX
XXXOXXXXXXX
XXXXOXXXXXX
XXXXXOXXXXX
XXXXXXOXXXX
XXXXXXXOXXX
XXXXXXXXOXX
XXXXXXXXXOX
XXXXXXXXXXO
```

La similitud

El destino común: Las partes en movimiento que tienen la misma trayectoria son percibidas como formando parte de la misma forma.

El cierre: Una forma cerrada es más fácil de identificar como una figura (o como una forma) que una forma abierta.

Estos principios actúan al mismo tiempo y son, en ocasiones, contradictorios.

■ Algunos elementos del método

- La prioridad de los fenómenos: una posición fundamental de la teoría Gestalt es aceptar como única realidad las experiencias vividas por el ser humano y tomárselas en serio sin minimizarlas por discusiones.

- La interacción del individuo y de la situación en el sentido de un campo dinámico determinan la experiencia vivida y el comportamiento, y no solo los instintos (psicoanálisis, etología*) o las fuerzas exteriores (conductismo,* Skinner) o los rasgos inalterables del carácter (teoría clásica de la personalidad).

- La relación entre los hechos psíquicos se hace más fácilmente y más constantemente si está fundada en las relaciones objetivas, y menos fácilmente por la repetición o la confirmación.

- Pensar y resolver problemas se hace por la estructuración, la reestructuración y la concentración en los datos de aquello que se pide en la situación.

- En nuestra memoria, las estructuras se forman y se diferencian por las aproximaciones asociativas.

- Las percepciones incompatibles de una persona llevan a una experiencia de disonancia y a procesos de percepción que tienden a reducir esta discordia.

- En un grupo, entendido como un conjunto interpersonal, el intercambio de fuerzas y necesidades hace que las relaciones sean excelentes.

La teoría Gestalt como «teoría del conocimiento» corresponde a un «punto de vista crítico y realista». En cuanto al método, se intenta vincular de una forma sensata la experiencia y la fenomenología.* Se examinan los fenómenos centrales sin renunciar al rigor experimental. La teoría Gestalt se define pues como una postura científica no fija, como un paradigma en evolución. En el desarrollo de la teoría de la autoorganización de los sistemas destaca, por ejemplo, el importante significado de la teoría Gestalt, que sobrepasa de largo el marco tradicional de la psicología.

El nacimiento de la Gestalt

Fritz Perls, el fundador (1893-1970)

Fritz Perls nació en el año 1893 en el gueto judío de Berlín. Durante la I Guerra Mundial, fue gaseado y herido, y se hizo médico a los 27 años y después neuropsiquiatra.

A los 33 años inició un psicoanálisis con Karen Horney, quien le acogió veinte años más tarde en Nueva York.

Paralelamente, encontró un puesto de médico asistente en casa de Kurt Goldstein, interesado en investigar sobre los problemas de la percepción en los heridos cerebralmente, a partir de los trabajos de la psicología Gestalt.* Hizo un último psicoanálisis con Wilhelm Reich, que practicaba una técnica activa, sin dudar en tocar el cuerpo de sus pacientes para ayudarles a tomar conciencia de su «armadura caracterial». Aborda directamente la agresividad* y la sexualidad, considerando el orgasmo como un factor de curación.

En 1934, a los 41 años, Perls abandonó la Alemania nazi para instalarse en Sudáfrica, donde fundó el instituto sudafricano del psicoanálisis. Enseguida se hizo famoso y rico. Su primer libro, *Yo, hambre y agresión,* fue publicado en 1942. En él empieza a hablar de lo que será la terapia Gestalt: la importancia del momento presente, el lugar del cuerpo, el contacto directo, el valor de los sentimientos, el enfoque global, el desarrollo de la responsabilidad del paciente.

El grupo de los 7 y la publicación *Terapia Gestalt*

Después de la II Guerra Mundial, en 1946, Perls decidió abandonarlo todo (su familia, su cómoda posición, su clientela rica) y se fue a la aventura para buscar una vida nueva en Estados Unidos. Tenía ya 53 años. Laura Perls, su esposa, doctora en Psicología de la Gestalt, se unió a él en Nueva York. Todos los miércoles por la tarde el Grupo de los 7 se reunía en su casa.

Los otros participantes de este grupo de reflexión eran: Isadore From, filósofo fenomenólogo, homosexual, que dio a conocer la teoría del Self* y que sería uno de los pilares del Instituto de Gestalt de Cleveland; Paul Weisz (quien inició a Perls en el zen), Elliot Shapiro, Sylvester Eastman y, más adelante, Ralph Hefferline, profesor de la universidad y coautor de *Terapia Gestalt.*

Su reencuentro se caracteriza por sentar las bases, con algunos otros colaboradores, de lo que se convertirá en la obra fundadora *Terapia*

Gestalt, publicada en 1951. Fritz Perls aportó su experiencia clínica, su integración (a veces breve) de pensadores originales y sus intuiciones creativas. Goodman aportó su sólida cultura filosófica, fenomenológica, sociológica y psicoanalítica.

Esta obra, *Terapia Gestalt: excitación y crecimiento de la personalidad humana*, constituye la base esencial sobre la que se asienta el edificio de la terapia Gestalt. Presenta nuevas técnicas espectaculares del diálogo con uno mismo: el «cliente» sube a escena, se sienta en el *hot seat* frente a una silla vacía e interpela a sus seres próximos, o mejor dicho, a la imagen interior que él se hace de ellos.

Faltará esperar veinte años todavía para que Isadore From la diera a conocer; fue cuando la terapia Gestalt hizo por fin su avance.

Perls influyó desde entonces a toda una generación de especialistas conocidos que se inspiraron en sus ideas: Gregory Bateson, Alexander Lowen, Eric Berne, Stanislav Grof, John Grinder y Richard Bandler.

Murió en marzo de 1970, después de haber fundado un kibutz Gestalt cerca de Vancouver.

En resumen

La historia de la Gestalt es la de una integración permanente y no concluida de conceptos filosóficos, psicoanalíticos, psicológicos y neurológicos. El objetivo es el enfoque global del ser humano en su relación consigo mismo (¿quién soy yo?, ¿qué quiero?), con los otros y con el mundo.

MÉTODO Y CONCEPTOS

Capítulo 3

El método Gestalt

Tu psicoterapeuta no sabe qué hacer porque no sabe qué quieres. Sin embargo, sí que sabe lo que él quiere: conseguir cualquier cosa que venga de ti. Pero tú, ¿qué quieres exactamente? Esta es una cuestión fundamental. Con un grupo o un paciente, la idea fundamental a establecer es: ¿qué quieres?, ¿qué espera obtener un paciente de su terapeuta?, ¿tener un hombro en el que llorar?, ¿busca un confesor?, ¿quiere recuperar la memoria? Sea lo que sea, el paciente siempre quiere algo. La Gestalt permite al paciente saber qué es lo que quiere, y así es cómo lo consigue...

¿Cómo encontrarse con la terapia Gestalt?

El Self es contacto y comunicación en el campo

Para darle algo al paciente, hay que establecer una comunicación. La comunicación tiene lugar, como todas las cosas, en un espacio: el «campo», y el campo está, como en la psique moderna, en la base de la terapia Gestalt.

En este campo, hay una serie de personas y está el psicoterapeuta. Existe también una frontera entre el psicoterapeuta y el paciente. O, como dice Buber, un existencialista judío, entre el «Yo» y el «Tú». Esta es la esencia del Self. El Self es esa parte del campo que se enfrenta a la alteridad... ¿Se puede buscar el Self? ¿Existe el Self? ¿Existe el yo? ¿Podríamos disecar el cerebro y encontrar el yo, el superego o el Self?

¡No! ¿Quién es, pues, este Self? El Self solo puede entenderse en el campo, como el día solo puede entenderse en oposición a la noche. Si siempre fuera de día, no solamente no tendríamos el concepto de «día», sino que tampoco tendríamos la conciencia de un día, porque no habría nada que nos demostrara la diferencia con la noche. Así también, el Self tiene que ser buscado en el contraste con la alteridad. Existe una frontera entre el Self y el otro, y el estudio de esta frontera es la esencia de la psicología.

En el interior de esta frontera, lugar de encuentro entre nosotros y vosotros, hay también otras disciplinas, como la fisiología, la anatomía y demás. En el exterior de esta frontera están, por ejemplo, la geografía y la sociología. Pero la psicología está verdaderamente interesada en el encuentro del Self y del otro.

Sin embargo, hemos de matizar para ser sinceros que esta frontera-contacto no es rígida, siempre está en movimiento. Siempre hay algo que se mete en primer plano o que se aleja. Pero nosotros siempre nos encontramos...

Ahora, centrémonos en la base de nuestro enfoque gestaltista. Nosotros nos consideramos, como también el psicoterapeuta, una parte del campo. Si el psicoterapeuta está en el campo y considera sus sensaciones y reacciones como elementos del campo, entonces se convierte en una herramienta de la terapia. Se implica en ella. Puede implicarse con toda la situación del campo, lo que denominamos «simpatía», o bien, puede quedarse fuera y observar al paciente solamente como con un microscopio; se trataría entonces de «empatía». En el caso de que no estuviera para nada interesado hablaríamos de «apatía».

Primera etapa: la no comunicación

Ahora, ¿qué pasa en el campo? ¿Qué función juega el contacto entre el yo y el entorno? Fundamentalmente la idea de la comunicación es propia del ser humano. Pero ¿qué comunicamos y qué queremos comunicar? ¿Cuáles son las diferentes etapas de la comunicación y cómo aplicarlas a la terapia?

La primera etapa es la no comunicación. El paciente no sabe qué es lo que quiere: no tiene nada que decir. Sus deseos y sus necesidades están reprimidos. No es consciente de nada.

A partir de un momento dado, se empieza a percibir algo en el paciente: juega con las manos, da una patada, etc. En otras palabras, existe ya una comunicación no verbal.

Sin saberlo, el paciente comunica algo a través de sus gestos. Durante esta etapa no comunicativa, el paciente nos dice algo: si hace esto, podría estar indicándonos que desea que le toquen; si hace esto otro, significa que quiere probablemente darnos una patada, y si hace otra cosa, significa «estoy triste» o «podría morderte».

Segunda etapa: la comunicación inhibida

A partir de entonces, la comunicación no verbal se transforma en el estado de la comunicación inhibida. Esto significa que el paciente siente algo: quiere llorar, tiene secretos, pero tiene vergüenza de decirlos. Es un periodo de inhibición. Tiene algo que no controla, que no puede manipular o gestionar.

Es aquí donde se puede ver el conflicto personal: una parte de él está en oposición a la otra. Podemos entonces tratar este conflicto y hacerle entender al paciente que una parte de él, que denominaremos de momento el «yo», se opone a otra parte que podríamos denominar el «Self». Se acosa a sí mismo, se dice que no vale nada, se castiga y hace todo tipo de cosas consigo mismo, encerrándose en este hecho. En lugar de una frontera-contacto ahora tenemos un muro, o en palabras de Wilhelm Reich, el paciente ha creado una «armadura» entre él y el mundo.[7]

---

7. Wilhelm Reich, *Analyse caractérielle*, Payot, 2006.

Tercera etapa: la comunicación aleatoria

Ahora, si el paciente deja de defenderse, llegamos a la tercera etapa, la del exhibicionismo o comunicación aleatoria. Es el estado que buscan los psicoanalistas.

En este estado, el paciente exhibe sus sueños, su miseria, sus penas. Habla de «sí mismo». La comunicación es entonces aleatoria porque pone la palabra, las cartas sobre la mesa, esperando que alguien pueda decodificarlas.

Esta comunicación aleatoria no es una comunicación efectiva del todo.

Cuarta etapa: la comunicación eficiente

El siguiente estado es el de la comunicación eficiente. En esta etapa el paciente expone de verdad lo que quiere y entra en verdadero contacto con el terapeuta. Es algo diferente al psicoanálisis de Freud, que ha derivado en esta técnica a partir del temor que Freud tenía al contacto personal. Era un autor brillante, pero no podía salir de su casa, no podía encontrarse con gente, no podía mirar a sus pacientes.

La comunicación eficiente es muy importante. Puedes tener un problema con tu pareja, pero si no lo expresas, ¿qué pasa? Puedes guardártelo para ti, puedes estar a malas con tu pareja durante días o semanas. Pero expresarlo, aunque sea un conflicto sin solución, es mucho mejor que ser «una persona que no habla nada».

Situaciones inacabadas

La terapia Gestalt concede mucha importancia a las situaciones inacabadas. Se puede creer en los instintos, en dos o en catorce. Nuestra organización es tan complicada que cada vez que pasa algo, nos desequilibramos y, en cada momento, tenemos que reencontrar el equilibrio. Los científicos denominan a este estado «homeostasis».*

Es la tentativa perpetua de recuperar nuestro equilibrio. Así, la necesidad de concluir las situaciones inacabadas es una etapa importante de la terapia Gestalt.

Los aspectos existenciales

En la terapia Gestalt, el terapeuta es existencialista y no moralista o simbolista. Si analizas tus relaciones con las personas o contigo mismo verás que siempre hay un montón de «debes»: «deberías hacer esto», «no deberías hacer esto otro», «esto no debería existir», «esto no es justo», etc. En otras palabras, siempre intentas cambiar el mundo y, para hacer cualquier cosa, crees en las buenas intenciones de las letras D-E-B-E-S, que tendrían el poder real de transformar la realidad. Al contrario, el terapeuta Gestalt intenta ver lo que existe. Y lo que existe son las funciones de contacto que estimulan la creatividad para crear las situaciones en las que puedes cumplir tu propia vocación, en las que puedes ser y «experimentar» (vivir tus experiencias). Estas situaciones no se realizan con el imperativo *debes*, sino con la inquietud. Y esto marca la diferencia con las escuelas psicoanalíticas porque, según ellas, la inquietud y la culpabilidad son síntomas neuróticos.

Estar impaciente es la base para seguir adelante, para salir airoso, para hacer cualquier cosa. Pero ¿qué pasaría si estás impaciente por hacer algo, pero no osas entrar en terreno desconocido? Ahogas el miedo y, fuera de este estado, dejas de estar impaciente por hacer algo pero desarrollas un estado de angustia. Piensa en el actor y en su miedo: o creas defensas, o creas experiencias emocionantes. Podrías crear un desorden, un alboroto, un elemento artístico. En definitiva, lo que te interesa es crear algo nuevo, algo que no sea corriente. Puesto que estás en una situación de rutina, y es lo que nos ocurre a casi todos, la vida se desarrolla sin problemas, nada es interesante, y cuando esta tendencia hacia la rutina ha empezado, nuestra inquietud entonces se llena de mecanismos de defensa. Cuanto más te defiendes, más inseguro eres. El único estado en el que puedes estar absolutamente tranquilo es el estado catatónico, el de la muerte.

La energía de la excitación

Esta inquietud se basa en nuestra energía de base, a saber, la excitación. Puedes enojarte, o ser indiferente o estar excitado. La excitación no siempre es evidente como tal; puede estar bloqueada. Cierra los ojos e imagina que sales de este lugar en este momento. Entra en la imaginación, sal fuera, ve por todas partes, ve adonde quieras ir. Puede ser que vayas a casa o a otros lugares y hayas probado terminar una situación que no estaba terminada aún.

Esta excitación no está siempre presente como tal, sino que puede cambiar y transformarse en emociones. La excitación se puede manifestar primero como impaciencia, después como furor o cólera; puede también transformarse en excitación sexual, en afecto y entusiasmo, o en dolor. Existen muchas formas de emociones en las que la excitación puede transformarse. Cuando utilizamos esta emoción con propósitos creadores —expresar las emociones— no lo hacemos para eliminarlas, como piensa la teoría de la catarsis.* La naturaleza ha creado las emociones y no para que las eliminemos. Las emociones son los recursos que tenemos para crear contactos. Si golpeas a alguien, aunque no sea un contacto agradable, es un contacto. Si hablas con alguien, es un contacto potencial. Pero el contacto se establecerá solamente si tiene el apoyo de tus sentimientos, de tus convicciones.

Invertir los juicios

Para el psicoanálisis, la culpabilidad es la base de la neurosis. Prueba este simple mecanismo que te ayudará cuando te sientas terriblemente culpable y hagas todo tipo de cosas para reconciliarte, pagar tus deudas y tu culpabilidad. Esto te permitirá entender que la culpabilidad no es más que un resentimiento invertido.

Puedes darle un giro a la expresión: «estoy herido» y convertirla en «siento rencor», lo que te acercará mucho más a tu realidad interior.

Por ejemplo, llegas tarde a casa y sientes que has herido los sentimientos de tu madre. Si te preguntas por qué está herida, comprobarás que no lo está, solamente está enfadada contigo. Por tanto, la expresión «no debo» puede sustituirse por «no debes». Te sorprenderá comprobar la rapidez con que puedes sentir su certeza.

Espíritu, ¿estás aquí?

¿Tenemos un espíritu?

¿Tenemos un espíritu? Extraña pregunta. Los pensadores presocráticos pensaban que el universo se había formado a partir de la tierra, el agua, el aire y el fuego. Nosotros creemos que estamos formados de cuerpo, alma, espíritu y libido, pero también de un emparedado inconsciente de cuerpo y espíritu. Siempre se ha considerado el espíritu como una entidad, en contraposición al cuerpo. En el espíritu las asociaciones mentales funcionan estirándose como sobre una cuerda y están, de alguna manera, conectadas al cuerpo.

Podemos denominar al primer nivel «el Self animal». Aquí somos como niños pequeños, seres simplemente orgánicos, con sus necesidades, sus funciones primitivas, aunque muy diferenciadas, y sus sentimientos.

El nivel social

El siguiente nivel es el del «como si» o «nivel social». En el sistema social, la pérdida de la naturaleza de las cosas es sustituida por las reglas del juego. La sociedad copia a la naturaleza, pero no lo hace demasiado bien y, además, cuanto peor hace esa copia, como una imitación o falsificación, antes puede extinguirse ella misma.

Cuanto más establecidas estén las reglas de la sociedad en función de las leyes de la naturaleza y del entorno, más recursos tendrá aquella para sobrevivir.

Si yo finjo ser amable y muestro un carácter, pero no invierto la misma energía que cuando quiero ser amable de verdad, la idea de estructura del carácter pertenece entonces a ese «como si», a ese «estrato social», como la mayoría de los problemas de personalidad.

■ Lo imaginario

El siguiente nivel es el «estrato de lo imaginario», muchas veces denominado «espíritu». Al hablar del «espíritu» en este contexto, no nos estamos refiriendo a algo opuesto al cuerpo, sino a algo que funciona dentro del organismo.

No nos horroricemos por la palabra «fantasía»: no significa que seas irracional. Hay una imaginación racional y otra irracional, igual que nuestras acciones pueden ser racionales o irracionales. Si quieres comprar pan en una ciudad extranjera, es razonable que empieces a imaginar qué es lo que vas a hacer.

■ La objetivación

El siguiente nivel está caracterizado por el aislamiento; es el «estrato de la objetivación». Aíslas los ruidos o los mecanismos de su contexto y los preparas para una nueva organización. Por ejemplo, un mono tiene, igual que el hombre, sus instrumentos. Agarra un palo y atrapa una banana. Pero, cuando tira el palo o este deja de existir, desaparece en el fondo del campo. Pero si aislamos este palo y hacemos de él una herramienta, pasa a ser un objeto por sí mismo y no simplemente «un medio».

■ La salud

La última etapa hace referencia a la forma en que combinamos y organizamos estos símbolos y herramientas en máquinas y lenguajes. La esencia de una persona con buena salud es que existe una unidad, una integración de todos estos niveles. Una persona no vive únicamente en un nivel. No utiliza únicamente las palabras, sino que las palabras describen las sensaciones y las visiones que le dan todos sus sentidos. Las palabras se utilizan como utensilios o herramientas.

En otras palabras, integrar estos cinco niveles nos permite ser nosotros mismos y poder descubrir a los otros y al mundo. Es una paradoja: cuanto más estamos con el otro, con los otros, con el mundo, más podemos ser nosotros mismos. Cuanto más nos alejamos de los otros, más egoístas y egocéntricos nos volvemos. Al ser egocéntricos, paradójicamente, debilitamos nuestro Self porque nos hacemos hipersensibles a toda clase de intrusión por parte de los otros.

En resumen

Una conversación en un autobús entre una mujer y el conductor:

- Mujer: «¿Adónde va?».

- Conductor: «Yo sé adónde voy, pero usted, ¿adónde va?».

Capítulo 4

Los conceptos fundamentales

La terapia Gestalt es un sistema psicológico integrador, cuyos nueve conceptos fundamentales son: la idea de presencia, la teoría del Self,* la conciencia de la realidad, el ciclo de la experiencia, las Gestalts inacabadas, las evitaciones y las resistencias al contacto, la responsabilidad, la experimentación en la búsqueda de soluciones y el enfoque holístico.

La idea de presencia

El aquí

«Aquí», en latín *hic*, es un adverbio de lugar que hace referencia al lugar donde se encuentra la persona que habla. Es el lugar de la presencia. El enfoque de la terapia Gestalt es fenomenológico en cuanto que antepone la descripción a la explicación. Como dice el filósofo y matemático Husserl, se trata de:

> Volver del discurso sobre las cosas a las cosas por sí mismas tal como aparecen en verdad, al nivel de los hechos

vividos, antes que a cualquier elaboración conceptual deformante.[8]

Lo que importa no es solo el «porqué» de las cosas, sino también el «cómo». La fórmula clásica de Perls se convierte así en «aquí, ahora y cómo».[9]

Con los pacientes/clientes se pueden utilizar otras variantes, a veces, más claras. Por ejemplo: «Ahora, en este momento, ¿qué sientes?, ¿qué haces?, ¿qué estás evitando?, ¿cuáles son tus expectativas?».

Más que volver sobre el pasado y recordarlo (modelo analista clásico), es mejor centrarse en el presente y en la actualidad sabiendo que esta experiencia del aquí y ahora es completa, actual y afecta al organismo en su totalidad. Esta experiencia contiene también recuerdos, imágenes, situaciones inacabadas, anticipaciones...

> Una conciencia absoluta del «aquí» sin la cual iríamos de recuerdo en recuerdo y nunca tendríamos una percepción actual.[10]

El «aquí» marca una relación con la persona que habla, se refiere al lugar, pero sirve también para designar un lugar considerado cercano. Su función es pues la identificación espacial. Si la idea de proximidad desaparece, el «aquí» se transforma en el «allá».

El ahora

Ahora, del latín *nunc*, es un adverbio que se utiliza para designar el presente del emisor, es decir, el momento que se llama «ahora». Su sinónimo es «en el presente» y proviene del latín *manu tenendo*, «cuando alguien tiene algo en la mano», de aquí las ideas de «ra-

---

8. Husserl, *Idées directrices pour une phénoménologie*, 1907.
9. F. Perls, R. Hefferline y P. Goodman, *Gestalt-thérapie*, L'Exprimerie IFGT, 2001. Nueva traducción de Jean-Marie Robine.
10. Merleau-Ponty, *Fenomenología de la percepción*, Gallimard, 1945, p. 163.

pidez del gesto o posibilidad», «prontitud temporal» o, más probablemente, la «proximidad local extrema» y la «proximidad temporal».

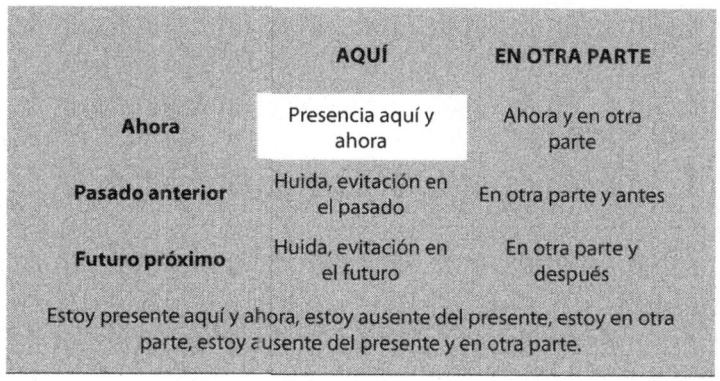

	AQUÍ	EN OTRA PARTE
Ahora	Presencia aquí y ahora	Ahora y en otra parte
Pasado anterior	Huida, evitación en el pasado	En otra parte y antes
Futuro próximo	Huida, evitación en el futuro	En otra parte y después

Estoy presente aquí y ahora, estoy ausente del presente, estoy en otra parte, estoy ausente del presente y en otra parte.

Mi elección con respecto al aquí y al ahora

■ Entre la presencia y la ausencia: la telepresencia

La telepresencia no ha esperado a las redes informáticas para desarrollarse. La escritura manuscrita, el primer transporte del lenguaje a distancia, formaliza la «corporalidad» del autor a través de la caligrafía. La expansión de lo impreso pone de manifiesto lo que la invención de la escritura había anunciado, pero solamente como una promesa abstracta: la formación de comunidades de lectores dispersos en un territorio y reunidos por los mismos libros.

Con el teléfono, en el que intervienen los canales vocales y auditivos, la simultaneidad de la emisión y de la recepción hace que se parezca más al modelo de comunicación «cara a cara».

La emisión de la imagen y su recepción instantánea cargan la relación de una dimensión visual inevitable. En las redes informáticas se experimenta, por primera vez, una comunicación colectiva, probablemente anónima, similar al intercambio multipolar de los grupos reunidos en un mismo lugar.

El intercambio común del «aquí y ahora», modelo principal de las relaciones humanas, se traslada así al espacio y se convierte en la referencia de la comunicación a distancia. Sabemos que este intercambio no se limita al intercambio de signos verbales y no verbales. Está formado por los gestos, los contactos corporales concretos o potenciales y las manipulaciones conjuntas de los objetos.

La presencia: Es una idea evidente y confusa al mismo tiempo. La presencia física viene definida por la unidad de lugar y de tiempo. Pero los espacios-tiempos mentales, a través de los cuales estamos físicamente presentes, son múltiples. Sus topo-cronologías no son descriptibles. Nunca se está en el instante en que se cree estar. Nos expatriamos continuamente, sobre todo en el estado inmóvil.

Simular y desplazarse: Estas dos acciones abarcan los dos casos del uso del término «virtual». La primera, la modelización numérica, designa una variación de existencia. La segunda acepción del término «virtual» depende de una variación de la distancia, y es aquí donde intervienen las redes de transporte. Se habla de empresas, de casinos o de comunidades virtuales para designar instituciones o personas alejadas, a las que no se puede llegar si no es mediante la red de transportes.

Gracias a los programas informáticos creamos relaciones mediante un conjunto de signos que traducen la presencia (textos, voz, imágenes, etc.). Esta animación automática a través de los programas da consistencia a la denominación «virtual»; si no se trataría de una simple telecomunicación, como con el teléfono.

Hic et Nunc, «aquí y ahora», es la locución latina utilizada por Walter Benjamin a propósito de la fotografía. Se refiere a que toda imagen fotográfica se efectúa por una toma de tiempo y espacio. La imagen, una vez realizada, se extrae de su continuidad espacio-temporal puesto que es el fruto indicador de un marco y de un tiempo de exposición. Sin embargo, cuando se le quita físicamente la referencia, continúa adherida a los ojos del espectador. Muchos teóricos, como Roland Barthes o Philippe Dubois, están especialmente interesados en esta ambivalencia fundamental.

El cómo

El adverbio «cómo» viene del latín *quomodo*. Expresa la interrogación «¿de qué manera?», «¿por medio de qué?». «Cómo» interroga sobre la manera en que se desarrolla una acción o en que se presenta un hecho.

El cómo es una pregunta importante en la Gestalt, mucho más importante que «¿por qué?», puesto que invita a buscar soluciones.

El Self en la frontera

El humano no puede plantearse separado de su entorno, y el sujeto/objeto de la psicología no es estudiar lo que habría dentro del individuo, sino las interacciones que realizan uno y otro, es decir, el contacto. Se encuentra también deslocalizado de la frontera-contacto de lo que las generaciones han denominado «la psique» y han enterrado en las profundidades del ser. La terapia Gestalt confirma así su vínculo con la forma fenomenológica de enfocar la existencia (del latín *ex*, «hacia fuera», y *sistere*, «tomar posesión», «estar fijo»).

> En la habitación, encontré todas las fronteras de mi juventud, la ruta que no pude hacer hasta los ocho años, el río que me prohibieron cruzar hasta los doce, la orilla del bosque donde no me pude perder hasta los quince años, y más lejos se pueden adivinar, como los círculos de un tronco de árbol, todas las fronteras redondas que cada año se suman.[11]

Las operaciones de contacto representan pues un conjunto de acciones vinculadas al entorno: percibir, moverse, ir hacia, atacar, pensar, acordarse, sentir, etc. Por estos actos, un sujeto organiza las figuras, o más exactamente, las relaciones entre lo que se pone en la figura y lo que constituye el fondo, o segundo plano, lo que se denomina una «Gestalt».

La función específica del campo organismo/entorno que organiza estas relaciones figura/fondo* es exactamente lo que la terapia Gestalt

---

11. Giraudoux, *Simon le pathétique*, LGF Livre de Poche, 1998.

denomina «Self». A diferencia de otros sistemas teóricos, el Self de la terapia Gestalt no representa esta entidad del ser, sino una menos estable, más o menos próxima a la noción de sujeto. Primero porque se trata de una función del campo y no solamente de la persona, pero también porque el concepto de Self, a diferencia del de «sí mismo», define el proceso implicado en cualquier contacto, es decir, aquello que, de esta operación de contactar, reenvía a la individualización.

Este Self es también un proceso permanente, por lo menos cuando la situación necesita ajustes creativos, y está más presente cuando el campo es difícil. Es pues una función efímera, presente, porque requiere un ajuste a la situación; es una función activa y pasiva a la vez, como en el acto de la creación o el juego de un niño, que sirve de paradigma al funcionamiento del Self, oscilando entre espontáneo y deliberado.

La teoría de la terapia Gestalt propone diferenciar, para el trabajo terapéutico de restablecer las aptitudes al ajuste creador,* determinadas funciones parciales del Self (ello, yo* y personalidad), que intervendrán de forma específica en la secuencia de construcción y destrucción de las Gestalts.[12]

El Self y el grupo

Según Jean-Marie Delacroix, «el Self grupal es un fenómeno que existe a partir del momento en que dos o más personas se encuentran».

Las condiciones para que exista un grupo de psicoterapia son que haya un parecido entre los individuos, una tarea en común y la presencia de uno o varios individuos con condiciones determinadas: psicoterapeutas o animadores del grupo.

Para poder hablar del Self, se tienen que dar por lo menos tres condiciones:

- El encuentro de un organismo y de un entorno.
- La creación de un campo.
- Un marco de referencia.

---

12. J.- M. Delacroix, en la revista *Gestalt*, n.º 30, 2001.

El entorno

Frontera-contacto

Función ello: La función «ello» es la que asegura la relación entre el Self y el entorno, y es la que hace de intérprete del ello y de la función «personalidad».

Función «ello»:
Además de las emergencias clásicas, el ello es el «contenido» de las situaciones inacabadas y de la energía que siguen llevando. De este modo, no se trata únicamente de una función procesal del Self, sino que además contiene una estructura psíquica inconsciente, el campo introyectado (CI).

Función «personalidad»:
La función «personalidad» no es la réplica verbal del Self, sino la que lleva los residuos de representación de los ciclos de contacto y comprende aquellos que han sido contaminados por los microcampos introyectados (MI). Esta función es la matriz de las representaciones conscientes del campo (MRC).

Campo introyectado (CI)

Microcampo introyectado (MI), residuo de las situaciones inacabadas que no emergen a la conciencia como tales, sino que se infiltran en otras salidas.

El organismo

Gilles Delisle

El Self como proceso de interiorización

Campo global, grupal y parcial

El campo global está formado por el conjunto de los miembros de un grupo y el psicoterapeuta. El campo global, además, está formado por múltiples campos parciales y por el campo grupal.

El campo grupal sería el campo determinado por el grupo (sin el psicoterapeuta). Un campo parcial es, por ejemplo, el campo formado por la presencia del psicoterapeuta con la entidad grupal. Hay tantos campos parciales como personas presentes.

El campo global puede estar incluido en un campo global más amplio. Es el caso de un grupo que se forma en el marco de una institución. Hay una sucesión de campos que se mezclan los unos con los otros y que crearán una gran complejidad.

La dialéctica figura/fondo*

En el fondo, está todo aquello que forma parte de la historia de una persona, como es su historia pasada, su historia familiar, aquello que viene de la cultura, aquello que viene de la historia y está inscrito en el cuerpo, aquello que viene de la historia y está inscrito de una forma u otra en el inconsciente. El objetivo es hacer emerger en figuras claras y precisas este material que procede de la historia y del fondo.

¿Qué hay en un grupo?

Sobre la existencia del grupo diremos que «no se puede hablar de grupo hasta que haya una cohesión». Esta cohesión «hace referencia a cualquier cosa que vincula a los individuos, que los une».

En los grupos se pueden ver fenómenos de atracción y repulsión llevados por el amor y el odio. Hay una gran mezcla emocional que no se reconoce realmente y que puede ser objeto de retroflexión,* y que puede provocar miedos, angustia y muchas proyecciones.*

El Self y la función «ello»

La función «ello»* es el aspecto emocional. Es el lado animal del ser humano con sus necesidades fisiológicas, emocionales, afectivas y sexuales.

Conforme va desarrollándose el proceso terapéutico, la forma se diferenciará, en un momento dado, del magma grupal y se encontrará progresivamente con el yo, y hará nacer el «nosotros» grupal.[13]

El Self y la función «personalidad»

La función «personalidad» en la teoría del Self* se refiere a la imagen que yo tengo de mí mismo y a lo que puedo decir de mí mismo. Esta función integra las experiencias pasadas, las situaciones inacabadas, los valores culturales y los familiares.

Para un grupo, la función «personalidad» son las representaciones que puede tener por sí mismo y que muchas veces están basadas en lo que se denominan «reglas implícitas». Mediante estas reglas implícitas, observamos los mecanismos defensivos como las retroflexiones grupales, las introyecciones grupales y las confluencias grupales. Estos mecanismos, que son individuales, son también grupales.

El Self y la función «yo»

La función «ello» se combina con la función «personalidad» para alimentar lo que denominamos la función «yo», es decir, la capacidad de hacer cosas y de hacer una acción o un conjunto de acciones que son congruentes con las elecciones que hemos hecho.[14]

La función «yo»* es el piloto del avión, el que decide en función del entorno y de la situación aquí y ahora, el que se ajusta creativamente a las variaciones continuas de este entorno.

Contrariamente a la filosofía clásica que trabaja en «¿quién soy yo?», al psicoanálisis freudiano y su función «yo», y al análisis guia, la Gestalt ha elaborado una teoría original que describe un yo variable en función del contacto. Esto explica mejor las situaciones extrañas y banales, como una persona autoritaria en el trabajo y sumisa en casa,

---

13. Ídem
14. Ídem

organizada en general y perdida en las situaciones domésticas senci-
llas. Esto explica también el fenómeno del mimetismo entre una persona y un grupo, el mecanismo de imitación, que es tan importante
para el aprendizaje y el comportamiento de confluencia* que se describe con más detalle en la tercera parte del libro.

En esta concepción del Self fluctuante y variable con el contacto, un
mecanismo como la disociación psíquica deja de ser una patología
para ser una variante inevitable, incluso previsible, del funcionamiento humano en una situación que, lejos de ser racional, acumula las
contradicciones, incluso la confusión.

La conciencia atenta de la realidad

La conciencia es la capacidad mental de percibir los fenómenos, su propia existencia o sus estados emocionales. Si estoy triste o feliz y me doy
cuenta de estarlo, entonces tomo conciencia de mis estados afectivos.

La representación de mi propia existencia

La conciencia es un hecho, tal y como Descartes lo afirma en su obra
Meditaciones metafísicas, en el que «el alma forma una dualidad con el
cuerpo». En un sentido más individual, la conciencia puede ser también una representación, aunque sea muy simplificada, de la propia
existencia. Hablamos entonces de «conciencia de sí» o «conciencia
reflexiva». La conciencia en este segundo significado hace referencia
también al primero porque «conocerse» significa necesariamente «conocerse en las relaciones con el mundo» (y comprende otros seres
potencialmente dotados de conciencia).

Una forma mínima de conciencia de sí

La conciencia de sí, igual que la conciencia del mundo (René Dubos
decía «actúa localmente/piensa globalmente»), nunca es completa.
Una pregunta que se deduce es: «¿Cuál es el grado mínimo imagina-
ble de conciencia de sí?». Descartes responde a esta pregunta con su

célebre: «Pienso, luego existo». Las ciencias cognitivas se interesan por detallar el sentido operativo de esta frase.[15]

Conocemos la fórmula de Sócrates «conócete a ti mismo», que muestra que un mal conocimiento de uno mismo afecta al conocimiento del mundo y viceversa, porque nosotros formamos parte del mundo. De hecho, la conciencia de sí designa a la conciencia de los fenómenos particulares relacionados con el concepto de sí.

Una pluralidad de manifestaciones

Además de los dos significados principales que acabamos de ver, el concepto de conciencia tiene otros significados o manifestaciones que podemos distinguir:

- La conciencia como sensación. Todo ser dotado de sensibilidad puede ser «consciente» en la medida en que percibe su entorno.

- La conciencia espontánea es un sentimiento interior inmediato. Algunos filósofos (como los estoicos) hablan de «tocar el interior».

- Se puede distinguir una etapa superior de la «conciencia», un estado de alerta del organismo, una atención vigilante *(awareness*)*, un estado que difiere del anterior por el hecho de que no se reduce a la pasividad de la sensibilidad.

- La conciencia de sí. La conciencia es la presencia del propio espíritu en sus representaciones, como el conocimiento reflexivo del sujeto que se sabe consciente. Se trata de algo así como una conciencia de la conciencia, una conciencia de segundo grado.

En todas estas distinciones, podemos ver el concepto de la conciencia como el conocimiento de sí mismo y la percepción inmediata del pensamiento, y como el sentimiento de sí mismo.

En cuanto a la conciencia moral, esta designa el juicio moral de nuestras acciones. En este caso, la conciencia nos permite distinguir entre el bien y el mal.

---

15. Sobre este punto, véase Antonio Damasio, *L'erreur de Descartes*, Odile Jacob, 2000.

«De hoy más quiero habitar bajo la tierra, como en su tumba el muerto...»

Y presurosa, su familia cavole una ancha fosa; y a ella descendió al fin. Mas, debajo de esa bóveda sombría, debajo de esa tumba inhabitable, el ojo estaba fiero, inexorable, ¡y miraba a Caín![16]

El objetivo de las psicoterapias analíticas y también de la Gestalt es tomar conciencia del funcionamiento inconsciente y también del preconsciente, que es el ámbito de la imaginación y de los sueños.

El proceso, el ciclo de la experiencia

El psicoterapeuta y su cliente están interesados y concentrados en los peligros de la relación que se desarrolla «aquí y ahora». Fritz Perls, en su obra *El enfoque Gestalt*,[17] propone cuatro preguntas centradas en el proceso:

«¿Qué estás haciendo ahora?»

«¿Qué sientes en este momento?»

«¿Qué estás evitando?»

«¿Qué quieres, qué esperas de mí?»

Esta última pregunta nos lleva a la inevitable transferencia y a las proyecciones* a las que nos conduce esta transferencia. Estas proyecciones del pasado serán utilizadas en un vaivén, como una lanzadera entre el presente y el pasado, entre lo verbal y lo no verbal, entre la emoción y la toma de conciencia.

Toda acción individual o interacción se desarrolla en diferentes fases que forman «el ciclo de contacto-retirada» o «ciclo de satisfacción de las necesidades». Perls y Goodman distinguen cuatro fases principales: el precontacto,* la toma de contacto, el pleno contacto y el postcontacto* (o retirada).

---

16. Victor Hugo, *La légende des siècles*, «La conscience», Gallimard, 2002.
17. *Manuel de Gestalt-thérapie* (*The Gestalt Approach*, 1973), ESF, 2005.

Después, varios autores, como Serge Ginger, delimitaron con más precisión las secuencias habituales de la interrelación y distinguieron seis fases: emergencia o sensación, toma de conciencia o *awareness*, excitación o movilización de la energía en el compromiso, pleno contacto y puesta en acción, interacción o logro, y retirada y asimilación de la experiencia (véase el ciclo de contacto en la tercera parte).

Precontacto e interrupciones

Esta idea tiene un gran interés clínico: ninguna relación de ayuda, acompañamiento o asesoramiento es posible si el psicoterapeuta y el cliente no llegan al contacto. Muchas sesiones se quedan en el precontacto, el cual puede eternizarse si no hay un compromiso real. El final de una secuencia de psicoterapia (el tiempo de retirada, según Ginger) no es menos importante y puede fracasar y destruir de manera retroactiva todo el trabajo anterior (anulación retroactiva). Por ejemplo, la falta de ética del psicoterapeuta, como un abuso psicológico o sexual, puede destruir años de terapia. Esta es una de las originalidades de la Gestalt, y también una dificultad especial para el psicoterapeuta, que ha de estar atento al proceso en curso y al ciclo experiencial, y tener cuidado con la separación porque esta no se produce cuando termina la hora de terapia, sino cuando concluye la Gestalt.

El ciclo modelo que nosotros hemos descrito no se desarrolla siempre de una manera regular. Ya hemos comentado que para Perls y Goodman, «la patología es el estudio de la interrupción, de la inhibición o de otros incidentes que puedan ocurrir durante el ajuste creador*».[18] Perls define al neurótico como «una persona que se dedica de manera crónica a la autointerrupción».[19] Estas perturbaciones del funcionamiento del Self suelen denominarse «resistencias» y pueden ser mecanismos de defensa apropiados para la situación («resistencias-adaptación» de los Polster)[20] o bloqueos anacrónicos inflexibles, que demuestran un funcionamiento patológico de evita-

---

18. F. Perls, R. Hefferline y P. Goodman, *Gestlt-thérapie*, L'Exprimerie IFGT, 2001. Nueva traducción de Jean-Marie Robine.
19. *Manuel de Gestalt-thérapie*, ESF, 2005.
20. Erving y Miriam Polster, véase bibliografía.

ción del contacto auténtico. Hablaremos de este problema más adelante.

Las Gestalts inacabadas

Normalmente, cuando termina una acción (física o conductual) estamos disponibles para una acción nueva. Cuando el ciclo no se desarrolla de una manera completa, la situación puede quedar inconclusa y constituir un elemento preconsciente de presión interna, sea movilizadora o «neurótica».

Así, por ejemplo, una tarea interrumpida puede permanecer «presente» y esperar a la primera ocasión para concluirla. Esto es lo que se denomina el «efecto Zeigarnik». El efecto Zeigarnik explica la tendencia a recordar una tarea si ha sido interrumpida. Este fenómeno lo estudió la psicóloga rusa Bluma Zeigarnik en los años veinte.

En otras situaciones, esta presión puede transformarse en tensión psíquica obsesiva y crear, a la larga, un estado neurótico: un luto o un divorcio mal asimilados, el desempleo prolongado, los fracasos repetidos, etc.

En la neurosis traumática se manifiesta el fenómeno clásico de la repetición, donde el traumatismo se repite convulsivamente durante el sueño (pesadillas repetitivas) o en la imaginación con crisis de ansiedad (ataques de pánico, crisis espasmódicas).

El trabajo sobre las Gestalts inconclusas es un ejemplo típico de la atención que presta la Gestalt al pasado y a su posible paralización de la vida presente: no se trata de eliminar por arte de magia una carga interna difícil, sino de integrar este elemento pesado de la vida en un conjunto significativo, como si formara parte de una de las «polaridades»* de la existencia del cliente.

Algunas personas no consiguen recuperarse o les cuesta mucho recuperarse de un despido, de un accidente, de una muerte o de una separación, experiencias vividas como heridas indelebles que no se pueden curar.

Otras no llegan a conseguir las acciones o creaciones. Por ejemplo, el lanzamiento de un proyecto les apasiona, pero dejarán a otros al cargo de su desarrollo, de su crecimiento e, incluso, ¡de la recogida de beneficios! ¡Qué cantidad de proyectos se abortan por falta de atención y energía! La voluntad de terminar lo que se ha empezado es un gran factor de éxito.

El paciente/cliente se enfrenta, pues, a la dificultad y a la angustia de conseguir algo, y a la gestión indefinida de aquello que no ha acabado. La terapia Gestalt es muy útil para estos casos.

Las resistencias, las interrupciones del contacto y los mecanismos de defensa

A fin de mantener nuestro equilibrio bioquímico vital y nuestro estado interior de bienestar y salud, ponemos en marcha un proceso constante de homeostasis,* que tiene como misión el ajuste a los elementos exteriores. Estos elementos están en continuo movimiento y son el entorno social, físico y relacional.

Cuando una situación nos molesta y tenemos que encontrar un nuevo equilibrio, o cuando nuestro interlocutor nos plantea un problema, utilizamos «mecanismos de defensa», todavía denominados «resistencias», que tienen como finalidad modificar el contacto, interrumpirlo o, incluso terminarlo por completo.

El psicoanálisis habla de la «resistencia inconsciente al tratamiento», que está vinculada al funcionamiento psíquico. El término «resistencia», que en el vocabulario habitual ha tenido siempre una connotación negativa, ha llevado a varios autores a buscar otros términos.

Las diferentes denominaciones del término «resistencia»

Erving y Miriam Polster destacan el término de «resistencias» subrayando las dos vertientes: normal y patológica. Joseph Zinker emplea el término «interrupciones» en el proceso del contacto. Paul Goodman habla de las «pérdidas de la función ego», y Fritz Perls, por último, se refiere a los «mecanismos neuróticos».

Las resistencias forman parte de nuestra integridad

Si el psicoterapeuta quiere ir más allá de los «debes» específicos a nuestra cultura, los significados del concepto «resistencia» serán primordiales para él. La resistencia forma parte de la identidad de todo individuo y, en lugar de destruirla o de atacarla sistemáticamente, es mejor estar atento y no olvidar que uno crece resistiéndose (podríamos estar hablando del comportamiento de un adolescente, por ejemplo).

■ El lugar de las resistencias en nuestra cultura

El individuo tiene unos objetivos específicos en la vida o en el día a día. Estos objetivos o intenciones son identificables: deseas invitar a un amigo a un restaurante, ocuparte del jardín, enviar un correo a un cliente... Las resistencias son todas aquellas interferencias internas que te impiden la acción, la puesta en práctica de estos objetivos.

> En otras palabras, la resistencia es el saboteador de las diversas fuerzas que hay en juego en el interior del individuo; es como un agente antiyo. La resistencia se asemeja a la creencia medieval de estar poseído por demonios y espíritus malignos.[21]

En cambio, en la óptica de los gestaltistas, las resistencias no son consideradas como algo negativo, algo que hay que eliminar por completo, sino como una fuerza creadora que permite ampliar el horizonte de la persona y sus perspectivas de abertura al mundo.

El niño aprende a reprimir su llanto cuando este tiene un efecto desagradable en sus padres. Más adelante, si guarda la imagen antigua en la que las lágrimas tenían consecuencias funestas, esta imagen se quedará dentro de él y necesitará una nueva energía para liberarse.

---

21. Erving y Miriam Polster, *La Gestalt*, Le Jour Editeur, 1983.

Ejemplo de Oliver, el hombre que reprimía sus lágrimas

Actualmente Oliver tiene 35 años y el sentimiento de ser más fuerte y resistente. Cuando era pequeño, su padre y su madre le reñían, le humillaban e incluso le pegaban cuando lloraba.

Aprendió que, en la vida, llorar es una situación inaceptable y aumentó su capacidad de experimentar sensaciones sin tener necesidad de manifestarlas. «Resistió» mientras se forjaba un carácter de hierro para no tener la necesidad de llorar.

Sin embargo, de pronto le ocurrió algo terrible: a su hijo de 10 años le diagnosticaron una enfermedad grave y los médicos se mostraron pesimistas acerca de su curación total. Oliver se dio cuenta entonces de que, si no hacía nada por aliviar y liberar su dolor interior, acabaría explotando, destruyéndose, y no podría apoyar a su familia. Empezó entonces una terapia y se quedó muy sorprendido cuando vio que podía llorar desesperadamente por primera vez desde que era pequeño.

■ La identificación y la reparación de las resistencias

No se trata de eliminar estas resistencias, sino más bien de identificarlas y ayudar al cliente a instaurar otras nuevas, más eficientes y más sanas. La terapia Gestalt tiene como objetivo permitir una mayor toma de conciencia de estos funcionamientos y una mejor adaptación a la situación del momento.

Si las resistencias son crónicas o tienen una persistencia inadecuada para al momento actual, será necesario aliviarlas y ayudar a la persona a entenderlas mejor, a gestionarlas mejor en su vida cotidiana (para más información sobre este tema, véase los ejercicios del final del capítulo).

Por otra parte, es importante precisar que la inhibición de la acción,[22] que empieza siempre por la evitación* del contacto, no es necesariamente una disfunción, sino que puede ser un mecanismo de defensa o una salida especialmente bien adaptada a la situación. Por ejemplo, si nos cruzamos con un individuo que está ebrio y es agresivo, una actitud sana sería evitarlo, cambiar de camino, minimizar o evitar totalmente el contacto con él.

La evitación del contacto y la simbiosis en el contacto se sitúan en el mismo eje, y ambos mecanismos pueden emplearse consciente y eficazmente en las relaciones con los demás. En efecto, la confluencia* con un ser querido forma parte del estado amoroso y es pues sana y agradable, mientras que la evitación de un enfado con mi jefe me puede evitar un posible conflicto con él.

La tipología de los acontecimientos

Para explicar la evitación, el fundador de la Gestalt hablaba de «mecanismos neuróticos» o incluso de «perturbaciones neuróticas» en la frontera-contacto* (idea que se define más adelante). Esta denominación evoca un mal funcionamiento y, en ocasiones, un problema de personalidad. Pero Perls, en cambio, remarca el aspecto normal y útil de estas interrupciones.

■ ¿Mecanismos conscientes o inconscientes?

Algunos de estos mecanismos pueden salir a relucir de una manera consciente: por ejemplo, me peleo con un compañero de trabajo y lo evito en los pasillos de la oficina.

En los mecanismos inconscientes, adoptamos ciertos comportamientos o actitudes de rechazo sin saberlo, cosa que nos puede llevar a prejuzgar y evitar que la relación se desarrolle armoniosamente. Por ejemplo, el padre que quiere discutir con su hijo sobre su trabajo escolar pero que le interrumpe todo el tiempo dándole consejos tales como «aprende de tu hermana, ella sabe organizarse bien los deberes» o «el

22. Henri Laborit, *Inhibition de l'action*, Masson, 1980.

colegio está hecho para trabajar, no para divertirse; si yo no hubiera trabajado en el colegio no habría conseguido mi título de ingeniero». El padre dice todo esto por el bien de su hijo y quiere entablar comunicación con él, pero sus consejos son indigestos y no bien recibidos en ese momento. El chico tiene su cabeza en otra parte, ya no le escucha.

■ ¿Mecanismos sanos o patológicos?

Las resistencias o evitaciones del contacto pueden ser sanas y ayudarnos a restablecer el equilibrio y la seguridad en nuestro interior y a nuestro alrededor. Contribuyen a mejorar nuestra relación con nosotros mismos, con los demás y con nuestro entorno.

Sin embargo, pueden ser también malas o patológicas según se hayan cronificado o sean de una intensidad desmesurada, confiriendo así un carácter rígido, estereotipado e inoportuno a nuestra manera de entender a los otros y al mundo. Pueden también crearnos prejuicios y molestarnos. Estas son las resistencias que habrá que trabajar en una terapia. Habrá que sacarlas a la luz, transformarlas o eliminarlas progresivamente de nuestros hábitos.

> En un día oscuro, un total desconocido me pegó. Perdonar me parecía demasiado difícil porque, de hecho, fui yo. Pero ahora este enemigo y yo somos amigos eternos el uno para el otro.[23]

Resistencias y contacto

La mayoría de las personas se esfuerzan por establecer buenas relaciones con sus seres cercanos y su entorno. Cuando esto ocurre, se enfrentan al mundo exterior con ganas, confianza y audacia. En cambio, si una persona no obtiene lo que desea, se llenará de sentimientos desagradables, como la cólera, la confusión, el rencor, la frustración, etc., desviando así su energía de formas diversas, y sus

---

23. E. E. Cummings, *95 poemas*, Firmage, 2002.

posibilidades de tener una interacción estrecha con su entorno disminuirán.

■ Las principales evitaciones

Las evitaciones del contacto están constantemente presentes en nuestra vida, tanto privada como profesional. Son una de las principales preocupaciones de la terapia Gestalt, y su seguimiento permite una estrategia terapéutica específica para cada persona.

Forman parte del proceso del ciclo del contacto, aunque su orden de aparición no sea predefinido ni arbitrario.

Por ejemplo, cuando una persona teme el contacto pleno, puede disminuir el contacto, consciente o inconscientemente, incluso romperlo. Esto permite reducir la intensidad de la relación y quizá evitar un momento «demasiado caliente» para el que la persona no está preparada.

Solo los mecanismos anacrónicos, repetitivos, inoperantes o cristalizados son síntoma de una dificultad relacional. El terapeuta tendrá que ayudar a su cliente a repararlos en una primera fase; después intentará suavizar o transformar estos mecanismos.

Estas evitaciones son las siguientes (véase también la tercera parte del libro):

- Confluencia
- Introyección
- Proyección
- Retroflexión
- Deflexión
- Proflexión
- Egoísmo
- Invalidación

No están clasificados en un orden predeterminado y, como ya hemos mencionado, su orden de aparición no está definido.

Responsabilidad y libertad

Cada uno es responsable de sí mismo y de su terapia (hoy en día sabemos que el «factor cliente» es la principal fuente de éxito de una psicoterapia, mucho más que la experiencia del terapeuta y el método que se emplee), que tiene por objetivo la autonomía de su conducta y de sus decisiones.

El cliente no es una persona pasiva que se somete a un tratamiento o a un método esotérico para él, sino un socio, un compañero activo.

En la terapia Gestalt, solemos proponer la sustitución de la expresión «no puedo» por «no quiero», para destacar esta responsabilidad que es muy importante en el proceso terapéutico.

Un alcohólico o un toxicómano no podrán abandonar su dependencia si no toman conciencia y asume en la responsabilidad de abandonarla. Esto que parece evidente en estas situaciones también lo es para todas las peticiones de ayuda o apoyo. El objetivo de una terapia no es ayudar perpetuamente a una persona infantil, sino ayudar al cliente/paciente a madurar, a ser un adulto autónomo.

La experimentación y la aplicación

Ahí donde algunos trabajan sobre el pasado, la Gestalt sustituye la búsqueda experimental de soluciones por prácticas metafóricas o simbólicas. La práctica favorece la *awareness** a través de representaciones concretas experimentadas en varias versiones diferentes. No es que se incite al paciente a actuar impulsiva y defensivamente, sino a la elaboración mental creativa.

Experimentar: en castellano solamente tenemos la palabra «experimentar» para designar la forma activa *(to experiment)* y la forma pasiva *(to experience)* de la experimentación. Sin embargo, es posible vivir una experiencia o «experimentar» un sentimiento vivido, como puede ser el rechazo o el amor.

Una experimentación específica en la Gestalt es la exploración de los extremos, el trabajo sobre las polaridades.* En el *Diccionario Larousse*, la Gestalt se define como un trabajo sobre las contradicciones humanas.

La experiencia es la piedra angular de un aprendizaje que procede de la experiencia vivida por el cliente. Ella transforma la palabrería estéril en una acción fecunda, en la que no vale recrearse en los recuerdos y en las teorías repetitivas, sino que se aferra sólidamente al momento presente del paciente en plena posesión de su imaginación, de su energía y de su excitación.[24]

La terapia Gestalt integra, al mismo tiempo, la fenomenología* y el conductismo: la fenomenología en el sentido de que el trabajo del terapeuta está arraigado en la perspectiva propia del cliente, lo que la fenomenología le permite tener un profundo respeto por la experiencia interior de la persona; y el conductismo porque el comportamiento concreto del cliente se transforma en etapas sucesivas perfectamente calculadas.

Durante la secuencia terapéutica es, por tanto, cuando el comportamiento del paciente puede modificarse. Esta modificación del comportamiento se denomina «experimentación», puesto que emana de la propia experiencia de la persona.

La experimentación aporta una gran libertad a la psicoterapia:

- El derecho a equivocarse porque equivocarse no es un fracaso.

- El derecho a tambalearse, a cambiar de opinión, a contradecirse.

- El derecho a crear su propio enfoque en una situación determinada, su propio estilo de ser en el mundo.

- El derecho a hacer lo contrario, o a hacer otra cosa, y además hay «mil contrarios».

La experimentación nos da la posibilidad de «probar sin tragar», es decir, de luchar contra las amenazas parentales, sociales o culturales. Cada persona experimenta a través de ella misma lo que le sienta bien, teniendo en cuenta sus vivencias, su historia, su educación, su entorno y su ideología.

---

24. Joseph Zinker, *Se créer par la Gestalt*, Les Éditions de l'Homme, 1981.

Perls sustituye la búsqueda paciente de causas hipotéticas pasadas de los problemas por la búsqueda experimental de soluciones. Es decir, no pretende «saber por qué», sino «experimentar cómo» a través de acciones metafóricas. Las acciones favorecen la toma de conciencia, el darse cuenta (*awareness*), a través de una acción tangible «representada» y experimentada en todas sus «polaridades».[25]

Los objetivos de la experimentación

Según Joseph Zinker,[26] los objetivos de la experimentación creativa en el seno de una situación terapéutica podrían concretarse en:

- Ampliar el repertorio de comportamientos de una persona.

- Proporcionar las condiciones bajo las cuales una persona puede ver su vida como el fruto de su propia creación (asumir la responsabilidad de su terapia).

- Estimular a la persona para que aprenda de su propia experiencia y adopte nuevos conceptos de sí misma a partir de los comportamientos que ella ha creado.

- Completar las situaciones inacabadas y superar los bloqueos en el ciclo de toma de conciencia/excitación/contacto.

- Integrar los entendimientos corticales de los que no es consciente.

- Estimular la integración de las fuerzas que están en conflicto en el seno de la personalidad.

- Poner en el lugar adecuado en el seno de la personalidad los sentimientos, ideas y acciones que le perturban.

- Crear las condiciones en las que la persona se puede sentir más fuerte, competente, autónoma y activamente responsable de sí misma.

---

25. Serge Ginger, *Manuel de Gestalt thérapie*, EPG (Livret Vert).
26. Joseph Zinker, *Se créer par la Gestalt*, Les Éditions de l'Homme, 1981.

Podemos también constatar que la experimentación es una herramienta que permite el «calentamiento» o estimulación de la toma de conciencia, así como la expresión de la creatividad, de la capacidad de inventar, de vivir comportamientos desconocidos hasta entonces, de poner de relieve una resistencia o un mecanismo de defensa crónico.

Los efectos de la experimentación

Gracias a la experimentación, el cliente se pone en movimiento, se ve obligado a afrontar los puntos débiles de su existencia transformando sus sentimientos y sus actos fracasados en acciones.

> Se crea pues una situación crítica sin peligros, en la cual la exploración arriesgada se hace soportable. Por otro lado, permite explorar los dos extremos del continuo seguridad-riesgo. En primer lugar, se hace hincapié en la ayuda y el apoyo, y después, en la aceptación de los riesgos que parecían prioridades en un momento dado.[27]

Ejemplo de Patricio, 34 años

Patricio estaba cada vez más deprimido porque se sentía paralizado por la presión de su jefe. En el marco de su terapia, ha imaginado que su superior jerárquico se encontraba delante de él, sentado cómodamente en su despacho y seguro de sí mismo... Patricio se sorprendió cuando se puso a gritar a ese ser imaginario y deseó destruirlo, pisotearlo, matarlo. Estos terribles sentimientos le acechaban desde hacía años, pero el miedo a decir algo que pudiera tener represalias profesionales era demasiado grande para asumirlo.

Patricio temía quedarse sumergido por sus propios sentimientos, pero gracias a la presencia, ayuda y apoyo incondicional de su terapeuta, fue capaz de ir hasta el final de esta

---

27. Erving y Miriam Polster, *La Gestalt*, Le jour Éditeur, 1983.

experimentación terapéutica y de tomar conciencia de su realidad interior (su terrible ira contra su jefe) y exterior (el deseo de encontrar una solución).

■ El «pasar a la acción» y la «puesta en práctica»

Pasar a la acción es la pérdida total del contacto. La experiencia se vive impulsivamente (el «ello»), «el darse cuenta» (o *areness*)* no aparece para nada, el afecto y el resentimiento no están presentes. Lo único que hay es la «acción».

> Pasar a la acción es una expresión inconsciente, en general impulsiva, de un comportamiento agresivo destinado a aliviar una tensión interna.[28]

Por el contrario, la «puesta en práctica» (o teatralización, o puesta en juego), pone de relieve la toma de conciencia de la sensación, del lenguaje corporal. Es también un afecto que no es en realidad resentimiento. Hay que subrayar que la *awareness* es una acción incompleta y hace referencia a la sensación y no al sentimiento.

> La puesta en acción es una acción reflexionada que tiene como objetivo representar o presentar de nuevo un tema antiguo. Es también un esfuerzo consciente para intentar expresar los contenidos inconscientes reprimidos.[29]

Al principio, se criticaba a la Gestalt por el hecho de tratarse de una terapia vinculada a la puesta en acción. Es cierto que estamos ante una terapia que da más importancia a la puesta en acción, pero es evidente que no es únicamente eso, en el sentido peyorativo del término.

---

28. Marie Petit, *Fonction thérapeutique de l'enacment en Gestalt-Thérapie*, tesis doctoral, París, 1981.
29. Christophe Flévet, *Awareness, la clef du contact*, Memoria EPG, París promoción 1993/1994.

Puede ser que la puesta en acción fuera la única salida por la cual el cliente podía expresarse, el famoso diván prohibiendo al paciente la acción y los movimientos naturales estimulados por el proceso analítico. En lugar de ignorar este elemento crucial del aprendizaje, el terapeuta gestaltista estimula la acción, y vela por su oportunidad y porque esta se inserte en la vida del sujeto.[30]

Las particularidades de la experimentación

De hecho, esta experimentación exige que el individuo se analice a sí mismo de forma activa. El paciente se convierte en el principal actor de su experiencia de aprendizaje. Participa en la elaboración de un mundo según el cual será tratado su problema y pondrá en práctica su plan en función de su propio juicio.

■ La experimentación creativa y artística

El desarrollo de la experimentación se realiza mediante la estimulación y las proposiciones o sugerencias motivantes y creativas que hace el terapeuta. De esta manera, podrá crear un escenario alrededor de las emociones, sentimientos e informaciones proporcionados por el cliente. Este proceso modifica los recuerdos, el mundo imaginario, los sueños, las reminiscencias y las esperanzas en los acontecimientos llenos de espontaneidad, de alegría y de dinamismo que tienen lugar entre la persona y su terapeuta.

Ejemplo de Magali, 25 años

Magali es una chica joven y guapa. Acaba de asistir a una terapia en grupo de fin de semana porque tiene dificultades con «el orden doméstico», como ella dice, con su amigo Gautier, de 28 años, que no participa prácticamente en ninguna de las tareas domésticas ni en las compras. Magali está desanimada; dice haber hecho todo lo posible por hacer entrar en razón a su

---

30. Erving y Miriam Polster, *La Gestalt*, Le jour Editeur, 1983.

compañero, pero sin éxito. Pierre, el terapeuta, le propone experimentar con el diálogo cara a cara con Gautier, hacerle comprender con sus palabras y sus gestos lo que desea. Magali decide no quedarse para ella esta decepción y hablar con su compañero (durante este trabajo, él no está presente, sino que está representado por un participante que ella ha elegido). Pierre, que observa atentamente a Magali, nota inmediatamente un cambio en su respiración, en su postura, en su tono muscular y en la expresión de su cara. Ella teme que Gautier no entienda sus reivindicaciones, teme adoptar un tono agresivo y gestos de autoridad. Su vocabulario es el de una mamá que riñe a su hijo por no ordenar la habitación y le amenaza con castigarle si no lo hace. El terapeuta le hace saber esta observación, saca a relucir su comportamiento ineficaz y su discurso normativo. Magali enseguida entiende qué le pasa y dice: «¡Ah! Ahora entiendo cómo soy, cómo actúo». Y: «Sí, exacto, es así como me siento delante de Gautier cuando le hablo de esto; antes de empezar a hablarle ya estoy enfadada, y me siento impotente ante su pereza doméstica».

En realidad, Magali se ofrece a sí misma, gracias a esta experimentación, la posibilidad de explorar sus comportamientos concretos y de descubrir sus emociones mientras habla con su compañero. Ahora sabe lo que hace, cómo debería actuar para obtener lo que quiere. Es, por así decirlo, su propio profesor. En efecto, su «¡Ah!» es algo que sale de sí misma, de su interior, por lo que tiene que ir seguido de su propia experiencia, de sus sugerencias e interpretaciones. Pierre le propone una nueva actitud y otro tono con Gautier para que él no se sienta como un niño pequeño delante de su mamá, y que su compañera, normalmente amable y dulce, no se transforme en una terrible ama de casa reivindicativa.

La sala donde el grupo está reunido alrededor de Magali se transforma en una especie de laboratorio lleno de vida y esperanza. La joven está en un microcosmos en el cual continúa explorándose a sí misma y su propia realidad, sin miedo al rechazo o a la crítica del terapeuta o de los otros participantes.

La experimentación no es ni un ejercicio preparatorio ni una acción póstuma. Si Patricio, que insultaba a su jefe, hubiera continuado la escena como si fuera un plan para poner en acción más tarde, su actitud habría caducado y se habría saboteado a sí mismo. La experimentación era una preparación para un contacto más creativo con su superior jerárquico; le podía enseñar a autoayudarse y devolverle una ingeniosidad inmovilizada en su interior. Lo mismo ocurre con Magali, que será capaz de expresarse de una manera diferente para que su amigo la entienda mejor.

La experiencia creativa se distingue del arte por un elemento fundamental y es que nos permite tener más conciencia de nuestro yo.* Esta disponibilidad de la conciencia nos apoya y nos orienta hacia nuestras verdaderas necesidades y hacia las acciones que nos permiten crecer y satisfacernos plenamente.

> No podemos conocernos, solo podemos darnos a conocer, dejarnos entrever y, como el verbo indica, lo hacemos de forma fragmentaria e inconsciente. Nos traicionamos con nuestros gestos, el acento de la voz, nuestra escritura y, en general, con todas estas formas o configuraciones (*Gestalten*) que registran automáticamente el trazo de la corriente de la conciencia. Todo arte es, en este sentido, una revelación inconsciente de sí mismo, pero no necesariamente una conciencia de mi yo revelado.[31]

La experimentación creativa, igual que la expresión artística, dispone de los atributos poco usuales del descubrimiento, la novedad, la excitación y el riesgo. El artista, mediante su trabajo y su obra, revela su vida interior y privada. Lo mismo le ocurre a la persona que realiza una terapia cuando llora, grita o ríe, porque experimenta y vive muchas cosas en el ámbito seguro e íntimo de su acompañamiento. El psicoterapeuta es un acompañante que propone al paciente un trabajo entre seguro y arriesgado. Anima a su cliente a explorar zonas desconocidas de su territorio interior y exterior.

---

31. Herbert Read, *Icon and Idea*, Schocken Books, Nueva York, 1965.

■ La experimentación y las polaridades

Ya hemos comentado que la experimentación específica en Gestalt es la exploración de los extremos, el trabajo sobre las polaridades* (véase la tercera parte).

Estas polaridades son varias:

- Introyección/proyección
- Adaptación/creación
- Sumisión/rebelión
- Introversión/extroversión
- Amor/odio
- Ternura/agresividad*
- Frustración/gratificación

A través de estos ejemplos, uno se da cuenta también de que la «buena elección» no está obligatoriamente en «la mitad justa». Situarse entre lo masculino y lo femenino, por ejemplo, no es lo más cómodo. Una posición extrema afirmada o una alternancia de los extremos es muchas veces preferible. ¡No se puede estar embarazada a medias!

El trabajo sobre las polaridades puede efectuarse por la técnica del monodrama de Moreno (el psicodrama moreniano),* en la cual el cliente juega alternativamente dos o más funciones. Para cambiar, hay que aceptar, querer y probar ser uno mismo, es decir, descubrirse, aprender a conocerse a través de sus contrarios o de sus oposiciones fundamentales. La experimentación acabará por aumentar la toma de conciencia del cliente y a entenderse mejor. Pretende también ampliar el repertorio de sus comportamientos, especialmente en las polaridades, en situaciones diversas y, posiblemente, conflictivas (véase el ejercicio sobre las polaridades al final del capítulo).

Dice Noël Salathé:

> Se trata de experimentar una vivencia fenomenológica diferente, una nueva experiencia del mundo, otra per-

cepción, una reorganización simbólica del esquema, un modelo de representación del mundo del cliente. La modificación podrá entonces integrarse progresivamente en la personalidad.[32]

El enfoque holístico

El ser humano atrapado en su totalidad

■ El concepto de holismo, según Smuts

Fritz Perls[33] evoca muchas veces a J. C. Smuts, autor de *Holismo y evolución.*[34] El concepto de «holismo» fue rápidamente asimilado a una idea de globalidad más parecida a «todo está en todo, y viceversa» que a la intención de su autor de sentar las bases para una epistemología futura. Aparecieron así los términos de «medicina holística, psicoterapia holística, astrología holística», etc., siendo cada uno de ellos más «global» que el anterior, un poco como si mezclara el enfoque ideológico y el científico, su deseo y su realidad, convencidos de que bajo la lente del microscopio se muestra el universo entero.

Smuts propone el término «holismo» (del griego *holos*: «totalidad») para designar al factor fundamental que opera en la creación de la totalidad en el universo. Este principio de totalidad concierne tanto al dominio biológico como al inorgánico o al espíritu humano. El todo es más que la suma de las partes. Esto es lo que da una estructura particular a cada parte y lo que organiza su síntesis. La totalidad y la parte se influencian y se determinan recíprocamente: el todo está en las partes y las partes están en el todo.

En la naturaleza pueden ponerse de manifiesto diferentes niveles:

- Las mezclas puramente físicas (la estructura es casi insignificante, cada parte conserva sus características y funciones).

---

32. Noël Salathé, *Précis de Gestalt-thérapie*, Amers Éditions, 1987.
33. Fritz Perls, *Le moi, la faim, l'agressivité*, Tchou, 1978.
34. Jan Crhistiann Smuts, *Holism and Evolution*, Macmilan and Co. Ltd., 1926.

- Los organismos (síntesis aún más intensa, sistemas de regulación y coordinación).

- Los espíritus y órganos físicos (con control central, conciencia, libertad y poder creativo).

- La personalidad (las estructuras más evolucionadas del universo).

> El holismo no es solamente creador, es también auto-creador, puesto que sus estructuras finales son mucho más holísticas que sus estructuras iniciales. Las totalidades naturales están siempre formadas de partes y es la síntesis (y no la suma) de estas partes la que constituye el todo. Una totalidad natural tiene un campo y el concepto de campo será también muy importante.[35]

Según Smuts, el espíritu sería la parte principal de la personalidad, pero también está el cuerpo. La desvalorización del cuerpo (en esa época) en beneficio del alma o del espíritu está ligada a sentimientos religiosos mórbidos. Smuts trata la separación cuerpo-espíritu para constatar que no pueden considerarse por separado ni como entidades independientes. Según él, el espíritu no actúa sobre el cuerpo, sino en él o a través de él. Así pues, el espíritu y el cuerpo son elementos de la personalidad como totalidad, y este último es una actividad creativa, recreativa y transformadora que tiene en cuenta todo lo que pasa en la personalidad y en los elementos que la constituyen. Es el holismo el verdadero agente creador.

> La pureza de la personalidad significa la eliminación de los elementos no armoniosos. La sublimación de lo más bajo hacia lo más elevado, el enriquecimiento de lo más elevado por lo más bajo.[36]

---

35. Jean-Marie Robine, «Source et contextes de la Gestalt-thérapie», *Revue de la Société Française*, n.º 6, 1994.
36. J. C. Smuts, *Holism and Evolution*, Macmilan and Co. Ltd., 1926.

■ El holismo en el enfoque de la Gestalt

Como veremos en la tercera parte, en la representación gráfica del pentagrama de Serge Ginger, el hombre está atrapado en su globalidad en la interacción sistemática de sus cinco dimensiones principales: física, afectiva, racional, social y espiritual. Así pues, el ser humano está englobado en la totalidad de su entorno local y cósmico, y busca un significado fundamental. Como subraya Serge Ginger,[37] la «regla fundamental» psicoanalítica de «decirlo todo» ha sido ampliada no con un «hacerlo todo» salvaje e incontrolado, sino con un «expresarlo todo» a través de diferentes canales:

- El movimiento del cuerpo, como el contacto corporal (sobre todo utilizado en la terapia de grupo).

- La expresión emocional (lágrimas, gritos, enfados).

- El lenguaje artístico (diseño, modelaje, *collage*).

- La utilización del marco (explotación metafórica de objetos variados).

Ejemplo de Manon, 38 años

Manon se sentía triste cuando empezó sus sesiones con el grupo de terapia. Tenía verdaderos problemas con su marido Leonard, de 40 años, y temía por el futuro de la pareja. Intentaba contar sus sentimientos a su terapeuta Lara, pero esta enseguida se dio cuenta de que la mujer se escondía detrás de las palabras para no enfrentarse a emociones demasiado fuertes y a la necesidad de expresarlas.

Lara propuso a Manon que eligiera un objeto de la sala que pudiera caracterizar su relación de pareja. Después de dudar unos instantes, Manon eligió un jarrón de cerámica azul que había sobre la mesa. A Manon le costaba hacer funcionar su imaginación, pero gracias a los ánimos de la terapeuta se animó. «¿Qué ves?», le preguntó Lara. «Veo que este jarrón

---

37. Serge y Anne Ginger, *La Gestalt, une thérapie du contact*, Hommes et Groupes, 2003.

que hay delante de mí, puede simbolizar nuestra relación de pareja. Es frío, resbaladizo, bonito por el exterior pero vacío, sin agua ni flores...».

Empezó a llorar. Lara se acercó a ella, después le puso la mano sobre el hombro y la animó a seguir. «¿Hay algo más que podrías decir?». Manon se encogió y dijo con un último esfuerzo: «Sí, es un jarrón frágil; se puede romper en cualquier momento y no podremos pegarlo».

El enfoque holístico extensivo a la terapia gestaltista

El material psicológico explorado hace hincapié en la parte verbal: recuerdos, relatos, descripciones, asociaciones libres, sueños... Algunas sesiones se pueden parecer a las de la psicoterapia analítica.

El trabajo de la imaginación es importante. La resistencia típica es la pobreza de la fantasía, la atrofia de la imaginación, es la «alexitimia» (incapacidad de expresar las emociones a través de las palabras), según Sifneos;[38] «pensamiento operatorio», según Marty y Fain.[39]

El diálogo de los gestaltistas utiliza la palabra, la postura, las actitudes, los gestos y microgestos, las emociones, las manifestaciones vegetativas vasomotrices. Y según palabras de Fritz Perls, «pierde la cabeza y recobra la sensatez».[40]

La interacción corporal es interesante, por ejemplo, en los ejercicios de relajación, de respiración o de toma de conciencia de la dimensión corporal, y facilita el trabajo sobre el contacto. Se consigue también eliminar la culpa sobre las introyecciones negativas del cuerpo y de su imagen, y una mejor integración del esquema corporal, con más fluidez en los movimientos y desplazamientos, una fluidez que es muy

---

38. Sifneos, *Psychosomatique et alexithymie*, PUF, 1992.
39. P. Marty, *La psichosomatique de l'adulte*, PUF, 1990.
40. F. Perls, *The Gestalt Approach*, Bantam Books, 1973. *Manuel de Gestalt-thérapie*, ESF, París, 2005.

importante para el aspecto corporal, que no solo es el vestir sino también los gestos.

Otras técnicas psicocorporales como la bioenergía,* de inspiración reichiana (A. Lowen fue alumno de Reich), movilizan la agresividad,* cuya gestión es muy importante para la Gestalt. Se pueden utilizar la confrontación, la provocación o las situaciones estresantes. Se movilizarán los recursos energéticos del cliente, permitiéndole así salir de estados de fusión o de la superprotección paternal. La agresividad verbal permite la supervivencia del individuo, como la sexualidad permite la supervivencia de la especie. El acceso a la masculinidad necesita de una agresividad fálica, sin la cual el chico seguiría siendo hipomasculino, es decir, femenino.

El trabajo psicocorporal, fácil en psicoterapia, no es fácil de poner en práctica en el marco de la empresa, con directivos con traje y corbata. Este trabajo necesita preliminares, paciencia y muchas explicaciones. Se puede empezar con ejercicios de gestión del estrés inspirados en los métodos de relajación, que suelen ser bien aceptados.

En resumen

La terapia Gestalt comparte la idea funcional de la teoría del aprendizaje que concede prioridad a lo que se experimenta a nivel cognitivo. Contribuye a favorecer la adquisición de una experiencia nueva creando las condiciones que permitirán una experimentación y puesta en acción progresivas y sin riesgo. Todos los conceptos que se tratan en esta parte no son conceptos aislados o adicionales, sino que forman una globalidad, el holismo, que pone en evidencia las interacciones de los elementos que constituyen el sistema y la pluridisciplinaridad de todos los métodos científicos y psicológicos.

Ejercicios

Las resistencias

¿Cómo notar las resistencias?

Ve a comer solo a un restaurante y observa las conversaciones de la gente: observa su ciclo de contacto y los diferentes mecanismos de evitación o de refuerzo de contacto entre unos y otros. Interésate primero por el orden de aparición de los mecanismos de evitación, por su sentido y su interacción.

Las polaridades

¿Cómo experimentar las polaridades?

En una pareja, el hombre y la mujer comparten ciertas polaridades.* Los conflictos suelen aparecer cuando uno de los dos ataca la polaridad oculta del otro, esa polaridad inquietante que puede sonar extraña para el otro y que «no reconoce». Se trata, pues, de pedir a las dos partes que descubran sus propias polaridades primero, y después, las del otro, precisando lo siguiente:

- Duro/dulc
- Concreto/abstracto
- Egoísta/generoso
- Ansioso/relajado
- Con los pies en el suelo/en las nubes

TERCERA PARTE

APLICACIONES

Capítulo 5

La caja de herramientas de la Gestalt

Aunque la herramienta principal de la Gestalt sea el terapeuta (por su formación, su experiencia, su compromiso y sus cualidades humanas y personales del contacto), también hay otras herramientas eficaces y dinámicas en la terapia Gestalt. Su descripción y modo de empleo se explican a continuación. La lista no es exhaustiva y está en continua evolución, pero hemos intentado hablar de las que nos parecen esenciales.

El darse cuenta (*awareness*)

Observar, sentir, analizar

El darse cuenta o *awareness** es un estado de conciencia específico orientado al conocimiento, el reconocimiento y el contacto con el entorno externo e interno. Hay atención, focalización, vigilancia, conciencia inmediata del presente y concentración física.

Esta conciencia inmediata del presente en todas sus dimensiones (vigilancia, atención flotante) se define en Gestalt con el término inglés *awareness*, difícilmente traducible. Cuando Perls intentaba resumir la

Gestalt en una sola palabra, solía recurrir a la palabra *awareness*. Muchos gestaltistas contemporáneos prefieren el término «contacto».

El aprendizaje de la *awareness* es una adquisición rica y preciosa puesto que permite hacer frente a situaciones imprevisibles, adaptarse a ellas y medir las consecuencias. A través del conocimiento interior de uno mismo, la *awareness* permite estar en contacto en función de las necesidades reales y de las posibilidades evolutivas con uno mismo y con el otro.

Muchas personas han perdido el contacto consigo mismas y se sienten alejadas de la vida presente por dar más importancia al pasado o al futuro.

La *awareness* es una toma de conciencia global:

- Es estar en contacto, tener en cuenta lo que nuestros sentidos nos revelan, tener plena conciencia de lo que se produce en cada momento.

- Es un estado dinámico de concentración que nos conduce hacia la energía y la acción, que nos orienta hacia los estímulos.

- Es una información sobre el pasado, el presente y el futuro, sobre nuestro interior y nuestro exterior.

- Es una sucesión ininterrumpida de las «figuras» que aparecen en el primer plano de nuestras preocupaciones, y del «fondo» formado por el conjunto de la situación que vivimos y de la persona que somos.

Para conseguir esta *awareness*, hay que estar atento al flujo permanente de nuestras sensaciones físicas (tanto externoceptivas como propioceptivas), de las emociones y sentimientos, y tener conciencia de la sucesión interrumpida de las figuras que se nos presentan.

«La *awareness* es el reconocimiento, la toma de conciencia del afecto, del sentimiento, de una relación entre el organismo y el entorno. La persona sabe qué le ocurre, ha conseguido la *awareness* [...]. Es el periodo durante el cual tomo conciencia de lo que deseo, de mi excitación y de mis emociones».[41]

---

41. Noël Salathé, *Psychothérapie existentielle*, Amers, 1992.

■ La evitación de la *awareness*

Para Perls, el miedo, es decir, la fobia o el deseo de evitar aquello que nos podría hacer sufrir, es el enemigo del proceso de crecimiento del individuo. El «continuo de conciencia», la *awareness*, se verá interrumpida cuando empezemos a sentir algo desagradable, algo que nos hace distraer la atención.

> En cuanto la conciencia se hace desagradable, la mayoría de la gente la suprime. Y de pronto, empieza a intelectualizar, a navegar por el pasado, por sus aspiraciones, por las buenas intenciones, utilizando las asociaciones libres esquizofrénicas, yendo como saltamontes de experiencia en experiencia sin experimentar ninguna de ellas porque no es más que un tipo de *flash* que deja todo el material disponible inasimilable e inutilizable.[42]

Perls intenta saber aquello que el paciente evita. Según él, la mayoría de las personas prefiere evitar las situaciones desagradables, y moviliza para ello sus armaduras, sus máscaras o evitaciones de cualquier tipo. La conciencia de aquello que evitamos o intentamos evitar y la *awareness* que resulta provocan una fuerza retardante y una fuerza controladora.

Christophe Flévet[43] constata que, para Perls, la conciencia es una fuerza integradora que comprende dos funciones:

- Una función retardante: La demora entre la toma de conciencia y la respuesta motriz tiene como objetivo permitir resolver de una manera ajustada el problema que presenta la situación. En este retraso opera la función «yo»:* reflexión, decisión, puesta en acción. Este retraso será, por supuesto, más largo cuanto mayor sea la complejidad de la situación.

- Una función controladora: En el caso en que el equilibrio es difícil de garantizar (situación de peligro, de frustración o de privación),

---

42. Fritz Perls, «Rêves et existence», en *Gestalt-thérapie*, EPI Éditeurs, 1972.
43. Christophe Flévet, *Awareness, la clef du contact*, Memoria EPG, París, promoción 1994/1995.

la conciencia pretende utilizar la energía que no puede conseguir su objetivo o reducir la tensión.

Ya hemos comentado que la *awareness* o conciencia está formada por el conjunto de la persona que somos, en el plano corporal y sensorial, y también en el plano emocional, imaginario, racional y comportamental. El cliente y también el terapeuta están continuamente en un estado de conciencia interno que les hace estar alertas a cualquier cosa que pasa en su entorno, y particularmente, en el cliente (véase el ejercicio del final del capítulo).

La *awareness*, una herramienta de la terapia Gestalt

Existe una *navette* (el término proviene de Perls), una especie de ir y venir entre el presente y el pasado, entre los fantasmas internos (intrapsíquicos) y los comportamientos externos (interpsíquicos), entre la expresión no verbal y la palabra, etc. Esta nave incesante y presente moviliza también al terapeuta y a su cliente.

■ El marco de la terapia

Los diferentes elementos del marco de la terapia constituyen un «aquí y ahora» que no es del todo neutro y que influye en la toma de conciencia. Estos elementos son: la sala o el despacho donde se desarrolla la sesión, el terapeuta, su personalidad, su estilo, el grupo si lo hay, etc.

Este cuadro terapéutico favorece la experimentación, la toma de conciencia, y concede sobre todo importancia a la autenticidad y a las relaciones fuertes y sinceras. Permite que el paciente se arriesgue a expresar sus polaridades.* Está claro que el entorno del cliente no tiene los mismos valores o características.

Ejemplo de Brigitte, 30 años

Brigitte es muy tímida y se siente muy presionada. Tiene problemas para concentrarse y le cuesta mucho hacer los ejercicios de relajación que su terapeuta Eric le ha recomendado para hacer en casa. Solamente en el despacho de Eric consigue Brigitte tomar conciencia de su cuerpo y de sus sensaciones internas. Se siente a gusto en este pequeño microcosmos acogedor e íntimo. Le gustan los colores suaves de las paredes y la suavidad de los cojines, se siente protegida y es capaz de contactar más con su conciencia aquí que en ninguna otra parte. No huye de los sentimientos negativos que le aparecen durante la sesión terapéutica, vive plenamente el momento presente y es capaz de contactar con su cuerpo, su mente y sus emociones.

■ La *awareness* del cliente y del terapeuta

Si la *awareness* es importante para el cliente, también lo es para el terapeuta. Él mira, escucha, siente e imagina lo que le dará la capacidad de abrir y ampliar las pistas para su cliente. El darse cuenta es para él una herramienta esencial para el seguimiento de lo que se desarrolla aquí y ahora, y esto es, en definitiva, su campo de intervención.

El terapeuta no está en una postura de «neutralidad benevolente», sino en una de «implicación lúcida».

Christophe Flévet[44] subraya que no se trata ni de apatía ni de empatía, ni de una relación «terapeuta-amigo» que corre el riesgo de ser ineficaz por la creación de fenómenos parásitos, sino de un acompañamiento por un camino común, de una relación que se instala entre dos personas y que contribuye a realizar los efectos terapéuticos.

Es esta actitud de simpatía la que creará una relación próxima y la que instalará la confianza necesaria para que el terapeuta pueda elegir el momento justo de llevar la relación a la gratificación, la neutralidad o la frustración, de hacerle o no partícipe de sus sentimientos, y así desarrollar la *awareness* del cliente mostrando su propia *awareness* (véanse los ejercicios al final del capítulo para evaluar la *awareness* en la vida privada y profesional).

---

44. Ídem.

El ciclo de contacto

Nuestra vida entera se inscribe en un ciclo de contacto. Nuestra capacidad de contacto se puede alterar por nuestros problemas existenciales o psíquicos, los cuales suelen venir de los problemas del ciclo de la experiencia y del contacto, de sus interrupciones, de sus situaciones inacabadas (duelos, rupturas sentimentales o profesionales, conflictos enquistados, etc.), que pueden ser mecanismos de defensa apropiados o bloqueos inflexibles y automáticos que indican una dificultad real para establecer un contacto auténtico con otros.

El arte del contacto es una herramienta importante para el psicoterapeuta. Sin contacto con el cliente, la terapia no es más que un simulacro.

Si consideramos la vida de una persona desde su nacimiento hasta su muerte, podemos representarla en algo así como la campana de Gauss, siendo el principio de la campana la entrada en la vida, los primeros aprendizajes y la orientación hacia una profesión; después un periodo plano en el cual la persona florece, crea una familia y adquiere bienes, y para acabar, una etapa en el final del ciclo que es la jubilación, la disminución de la energía vital y el declive.

Algunos ciclos pueden ser armoniosos y las etapas se suceden de una forma natural. No hay discontinuidades importantes y la existencia se desarrolla sin obstáculos.

Pero otros individuos tienen ciclos de vida más caóticos, sufren traumas, rupturas, viven la muerte de un ser querido o incluso mueren súbitamente en plena fase ascendente de su curva. La armonía, en estos casos, es sustituida por la discontinuidad o por la no consecución de una acción o de un proyecto en curso. Las rupturas en el ciclo de contacto suelen producir problemas de personalidad, elementos patológicos que no están inscritos en el comportamiento inicial de ese individuo.

La duración del ciclo de contacto

De la misma manera que el ciclo de contacto se puede inscribir en una vida entera, también puede desarrollarse en unos minutos, horas o días (una llamada telefónica, una reunión o una semana de vacaciones). Aunque su contenido no es el mismo, los principios fundamentales que descubriremos en el precontacto,* pleno contacto y postcontacto* siguen siendo los mismos. La plenitud del contacto, y en especial, del pleno contacto, tiene más posibilidades de conseguirse si está precedido de una entrada en materia de contacto y si va seguido de un postcontacto que permite apreciar, con posterioridad, lo que acaba de pasar.

Las fases del ciclo de contacto

El ciclo está formado por seis fases. Estas fases son las siguientes:

1. *El precontacto* o surgimiento de una expectativa (necesidad, deseo, falta o petición) es esencialmente una fase de sensaciones durante la cual la percepción o excitación nacida en el cuerpo, generalmente frente a los estímulos del entorno, se convertirá en la figura (forma, Gestalt) que solicita mi interés. Así, por ejemplo, mi corazón latirá más fuerte cuando vea a la persona que amo.

2. *El compromiso* es el corto periodo en el que se toma la decisión de pasar a la acción, de aceptar el contacto.

3. *El contacto o la toma de contacto* es la fase activa en la que el organismo se enfrenta al entorno. No se trata del contacto realizado, sino del establecimiento del contacto; de un proceso y no de un estado. Generalmente, esta fase va a acompañada de una emoción.

4. *El contacto final o pleno contacto* es un momento de intercambio, de reencuentro entre el organismo y el entorno, entre el yo y el tú, un momento de apertura en la frontera-contacto.* La acción se unifica en el aquí y ahora; hay una cohesión entre la percepción, la emoción y el movimiento.

5. *La retirada* es el periodo breve en el que se toma la decisión de poner fin al contacto.

6. *El postcontacto* *seguido de la retirada* es una fase de asimilación que favorece el crecimiento. «Digiero» mi experiencia. La con-

ciencia disminuye progresivamente y la persona se encuentra disponible para otra acción: la Gestalt (forma, figura) ha concluido, se ha conseguido.

Lo que nos interesa aquí es el propio principio de la sucesión de las fases en varias etapas. Este ciclo no se desarrolla siempre de una manera regular y algunas personas realizan de forma crónica la autointerrupción. Estos problemas pueden ser mecanismos de defensa apropiados para la situación (por ejemplo, si detenemos voluntariamente la fase anterior al pleno contacto con una persona especialmente intrusiva a nuestro parecer) o, por el contrario, pueden ser bloqueos inflexibles y automáticos (timidez patológica, evitaciones, fobias organizadas), que indican una dificultad real para instaurar un contacto auténtico con los otros.

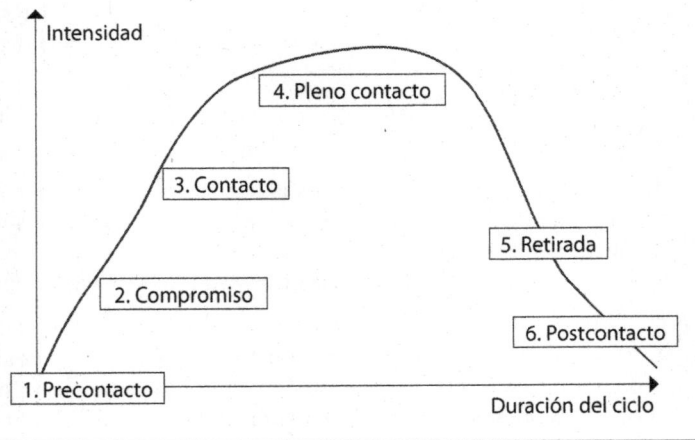

El ciclo del contacto

Es cierto que estas seis fases no siempre se suceden en este orden. Con el fin de ilustrar nuestro propósito, vamos a analizar el desarrollo de un ciclo preciso en una situación determinada: ¡una salida de noche con amigos!

Análisis del contacto de una noche con amigos

Annick y Bertrand organizan una salida con sus amigos Carole y Marc. Las dos parejas se conocen bien, se quieren y se invitan regularmente. Hay que precisar que antes de su llegada, Annick y Bertrand han estado un rato discutiendo. Además, Marc tiene una ligera indisposición digestiva que quiere ocultar a sus amigos para no fastidiarles la noche.

Veamos: suena el timbre. Annick y Bertrand han estado discutiendo antes y su recibimiento no es tan caluroso como de costumbre (precontacto* y compromiso de contacto). Su espontaneidad no es tan sincera.

Marc, por su parte, tiene algunos problemas durante la cena. Con sus problemas digestivos, no está demasiado dispuesto al intercambio con el resto de los miembros de la mesa.

Carole es pues la única que puede vivir un ciclo de contacto pleno y armonioso, porque está realmente satisfecha. Está suficientemente abierta para oler la tensión que hay en el aire (precontacto) y para ver que la energía necesaria para mejorar el aspecto relacional es un poco laboriosa (compromiso).

Ofrece amablemente su ayuda en la cocina y hace algunas bromas durante el aperitivo. Bertrand y Annick acaban relajándose y entran con Carole en una fase de pleno contacto en la que el diálogo es íntimo porque hablan del deseo de Carole de tener un hijo.

Durante este tiempo, el «futuro padre» sigue teniendo dolores de estómago, por lo que intenta desviar la conversación (evitación del contacto). Si hubiera anunciado su problema desde el principio, los otros habrían entendido mejor su retirada y se habrían evitado algunas interpretaciones apresuradas del tipo «Marc no tiene ganas de tener un hijo con Carole» o «esta noche le aburre».

La cena termina bien (retirada y postcontacto*). En efecto, la conversación sobre un tema tan personal ha sentado tan bien a los invitados (relajación, calor, clima de autenticidad y de inter-cambio) que han olvidado sus propias penas. Marc ha aprove-chado una tregua de su dolor para salir de su mutismo y expresar su opinión sobre el posible embarazo de su compañera.

Cuando Marc y Carole están en el coche para volver a casa, ha-blan positivamente de la buena acogida de sus amigos y del pla-cer de haberles visto (postcontacto). Después Carole se queda dormida y Marc pone música para hacer los últimos kilómetros (retirada, vacío fértil).

Bertrand y Annick terminan de limpiar la cocina charlando tranquilamente sobre el deseo de sus amigos de tener un bebé (postcontacto). Después se adormecen en el sofá, abrazados en silencio (retirada, punto cero).

Véase el ejercicio del pleno contacto al final del capítulo.

La noción de contacto

■ Un elemento biológico

La noción de contacto y los estudios científicos sobre el fenómeno del contacto existen desde hace mucho tiempo en tribología (es el estudio de las ciencias del rozamiento), en metalurgia y en oftalmo-logía (la contactología oftalmológica consiste en corregir los pro-blemas de la vista mediante lentes de contacto). Podemos decir que, en psicología, es la terapia Gestalt la que más trata estos sutiles me-canismos.

En efecto, en la obra de Perls, Hefferline y Goodman, *Gestalt-thérapie*,[45] la primera frase dice: «La experimentación se sitúa en la frontera entre el organismo y su entorno, principalmente en el nivel de la epidermis y de los órganos sensoriales y motores». Un poco más adelante, los autores señalan que «hablamos del organismo que está

---

45. F. Perls, R. Hefferline y P. Goodman, *Gestalt-thérapie*, L'Exprimerie IFGT, 2001. Nueva traducción de Jean-Marie Robine.

en contacto con el entorno, pero es el contacto el que es la primera y más simple realidad». Podemos deducir que la existencia prima sobre la esencia, que hay que partir de lo concreto más que de la teoría y que es preferible respetar los hechos y las acciones a las ideas. ¡Estas son las bases del enfoque existencial y de este contacto tan primordial!

El contacto es, en varios sentidos, el pilar de la vida humana. Es el lugar del movimiento biológico primero, donde se manifiesta el deseo absoluto de existir que nos mantiene con vida.

En los mamíferos y, por tanto, en los humanos también, el contacto se presenta enseguida como necesario para la supervivencia de la especie, para la cría de los hijos, para el aprendizaje de la vida y sus peligros. Este comportamiento es también el precursor de una nueva dimensión, que es el placer del contacto (tener pelos en lugar de escamas genera el instinto de agarrar por los pelos desde pequeños), de tocar, de lo dulce, de lo sensual o de lo sutil.

Las especies han progresado a través de este contacto. Al principio hacía las funciones de comer, respirar, copular, desplazarse (un progreso de los animales con respecto a las plantas), pero ahora hace también las funciones de afinar los sentidos y desarrollarlos, especialmente el sentido del tacto.

El bebé del mamífero (el que ha crecido en el vientre de su madre) se beneficia de una dimensión importante de la que depende su supervivencia: el contacto. Este contacto, que se desarrolla durante mucho tiempo, es primordial porque un bebé humano que no tenga este contacto podría morir o sufrir graves problemas psicológicos (podemos decir que ¡un bebé, para sobrevivir y vivir, necesita el 50 % de leche y el 50 % de amor!).

■ El contacto es el momento presente en Gestalt

¿De qué sirve probar un buen vino, oler un buen perfume, la caricia de una mano, si no podemos vivir este momento con nosotros mismos y/o con otra persona? El momento presente y la capacidad o el arte de vivir son tan importantes para el contacto como las percepciones sensoriales. Hemos dicho ya que estos puntos comunes que compartimos con los mamíferos son evidentes, que el propio estatus de «mamífero» nos confiere los elementos del orden de las emociones, del aprendizaje, de la ternura y del contacto. Al observar a los animales, vemos que son más capaces que nosotros de vivir el momento presente. Si observamos a nuestro perro o al de nuestro vecino, vemos que está totalmente en el presente, atento a los movimientos y los gestos del presente, a los sonidos del entorno y a las diversas interacciones.

¿Por qué los seres humanos tenemos, a veces, tantas dificultades para vivir el momento presente, el momento real, el que se nos presenta? Sin duda porque este presente implica tomar conciencia del momento, tanto a nivel corporal como emocional o intelectual.

Cuando empezamos a sentir algo desagradable, cuando desviamos nuestra atención, podemos constatar que nuestro «continuo de conciencia» se interrumpe.

En la realidad psíquica, este corte del contacto con la realidad vivida como negativa implica la puesta en acción de la intelectualización para categorizar, conocer y controlar. Este funcionamiento esencialmente cognitivo se efectúa en detrimento del plano emocional y afectivo.

Más que preguntarnos por qué nos cuesta tanto vivir plenamente el momento presente, podríamos preguntarnos qué es lo que intentamos evitar al rechazar vivir plenamente la realidad. Puede ser un dolor, un sufrimiento, un deseo, algo desagradable, el enfado, un elemento de nuestra historia personal...

¿Cómo podemos renunciar a este tesoro de riqueza, de sabores y de contacto que representa el momento presente? ¿Qué episodios de nuestra vida han contribuido a la pérdida o a la renuncia de este maná?

Ejemplo de Luc, 32 años

Luc trabaja en una empresa desde hace cuatro años. En su anterior trabajo, se sentía mucho más relajado, pero insatisfecho. Ahora está pensando en ir subiendo escalafones para legitimar su título de ingeniero.

Luc vive desde hace 15 meses con Mélanie, una joven enfermera de 28 años, y piensa pedirle el matrimonio. Mélanie se queja del tamaño de su piso y Luc está, a escondidas, buscando uno más grande. Si la idea le place, él sabe que esto implicará hacer sacrificios económicos, sin duda: menos viajes, menos restaurantes... y más trabajo.

En las dos primeras sesiones de *coaching* con Yves, *coach* y psicoterapeuta gestaltista, se muestra un poco reacio al contacto. Está estresado, nervioso, cansado y cada vez escucha menos a su cuerpo. Sus horarios de trabajo no le permiten seguir yendo a correr al acabar de trabajar (además, esta actividad ya no forma parte de sus prioridades), y empieza a tener dolores de espalda. Además, Luc escucha cada vez menos a su equipo profesional y a Mélanie, que por cierto le ama profundamente. Yves le insta a expresar sus problemas actuales, sus dificultades, y enseguida se da cuenta de que el joven ingeniero tiene problemas para vivir el momento presente, que ha perdido el contacto consigo mismo y con los demás.

Esta toma de conciencia le lleva a reconsiderar su modo de vida, a revisar sus prioridades y a dialogar más con su compañera para no poner en peligro su relación ¡por un motivo de carrera profesional!

Aprender a desarrollar el contacto

Para algunas personas, el contacto y el arte del contacto no son innatos, y además, ¡lo saben! Pero siempre es posible mejorar y dejar a un lado la timidez o un estilo de vida familiar pasado que incita a no comunicarse. Descubramos el ejemplo de Mireille y su marido Denis.

El ejemplo de Mireille, 40 años

Mireille desea mejorar la comunicación y la relación con su marido Denis. Ha decidido iniciar una psicoterapia y ha encontrado una gestaltista que se llama Sandra, que le ayuda a resolver sus problemas actuales. Sandra utiliza nuestra herramienta del «ciclo de contacto» para ayudar a Mireille a entender mejor la disfunción actual de la pareja. ¿Qué ocurre cuando se observa el proceso de contacto a través del gráfico?

A fin de facilitar el proceso, la terapeuta propone a Mireille que describa cómo se desarrollan los reencuentros con su pareja cuando llegan a casa después de la jornada de trabajo. Mireille se concentra, frunce un poco el ceño y dice: «Bueno, no pasa nada. Denis entra en casa, deja la cartera en el armario, me lanza desde lejos un saludo y se va hacia el armario de la habitación para ponerse ropa más cómoda. Yo me relajo con una ducha».

Sandra quiere saber si hay alguna forma de contacto entre ellos en ese momento. «No, responde su cliente. Estamos en una especie de rutina cada uno, en la cual el otro no tiene lugar. Esto no nos incita a invertir en una actividad de fin del día (una canción, una charla en el salón). Me enfado cuando mi marido se pone delante de la pantalla del ordenador para enviar mensajes "importantes", según sus palabras, a uno de sus compañeros. Me siento rechazada e incomprendida. A partir de ese momento me enfado mucho con él. Él no lo entiende».

La terapeuta señala la débil intensidad del contacto desde el inicio, el no entablar ninguna relación o realizar una actividad conjunta y, por tanto, la imposibilidad de hacer evolucionar la curva del contacto durante la noche.

¿Qué podrías cambiar?», le pregunta a Mireille. Ella responde espontáneamente: «Podría hacer como al principio de nuestra vida en común, por ejemplo. Le mostraba mucho más afecto cuando llegaba a casa, le iba a recibir y le decía lo contenta que estaba de que hubiera vuelto. A él, por su parte, este recibimiento le daba más energía y me proponía tomar algo antes de la cena o hacernos mimos en el sofá».

> Sandra explica a Mireille la importancia de este precontacto*
> y cómo aumenta la energía gracias a él, y le incita a probarlo
> de nuevo para mejorar la relación de pareja.

Véase al final del capítulo los ejercicios para entrar en contacto con uno mismo y practicar la autoconfianza.

Las evitaciones y las interrupciones del contacto, la pérdida de la función «yo»

Cuando hay una pérdida de funcionamiento del modo «yo»* se producen evidentemente problemas de contacto, pérdidas de contacto y disociaciones en la frontera-contacto.* Estos fenómenos, evitaciones y mecanismos de defensa, de los que ya hemos hablado, podrían ser «sanos», pero cuando contribuyen a la pérdida de funcionamiento del yo, son calificados de «insanos» o «patológicos».

Vamos a estudiar los diferentes términos técnicos con que se denominan estos fenómenos, pero antes de dar la lista y sus explicaciones, vamos a hablar de una evitación típicamente humana, que consiste en desconectar totalmente, una situación especialmente ansiosa o terrible. Se trata de evadirse.

Los mecanismos de urgencia: evadirse, desconectar

Cuando nada funciona, cuando el entorno o la gente nos dan miedo, siempre nos queda la posibilidad de «desconectar» para evadirnos. Es una manera de no ser consciente de lo que nos ocurre, de dejar de tener miedo, de no sufrir psíquica o físicamente.

Ejemplo de Vicente, 29 años

> Vicente es economista, especializado recientemente en el
> desarrollo sostenible. Trabaja desde hace varios años en una
> gran empresa y su director sabe que es experto en el tema.

Le ha propuesto unirse al Departamento de Recursos Humanos, que trata esta idea de sostenibilidad en la dirección y las relaciones humanas. A Vicente le entra pánico porque no se considera suficientemente preparado para esta tarea y cae enfermo. «Soy un pésimo comunicador —murmura—. Además, no domino lo suficiente el tema...».

Llega el fatídico día: siente un malestar enorme delante del grupo, una especie de náusea se instala en él. Su jefe, seguro y sonriente, le pasa el micro. Vicente, que está en el presente buscando las palabras, el aire, empieza a hablar como en el vacío, tiene la impresión de que se está asfixiando, su cuerpo tiembla y... se desmaya.

Después del incidente, el pobre Vicente, ya reconfortado por sus compañeros y jefes, teme una posible recaída en sus intervenciones en público. Es lo que le ha llevado a consultar a un terapeuta.

Como acabamos de ver, esta evitación de la situación es total y provoca el corte inmediato con el entorno, ya que la persona es incapaz de soportar una realidad demasiado difícil para ella.

No hay nada que asumir, el cerebro ha desconectado, no sientes nada, el trauma deja de existir. Por lo menos, por el momento.

Una gran parte de estas interrupciones ocurren cuando estamos sometidos a un dolor físico especialmente importante, o en caso de traumatismo físico grave; por ejemplo, accidente, guerra, toma de rehenes, violación, agresión, etc.

La confluencia

■ La confluencia: un estado de fusión

Se trata de una situación de falso contacto, de fusión por la ausencia provisional de la frontera-contacto.* El Self no puede ser identificado.

En este estado, existe una fusión o, como mínimo, una dificultad que ha de diferenciarse de las otras. El niño está en confluencia normal con su madre (simbiosis), igual que el amante con su pareja, pero también el adulto con su comunidad o su actividad profesional.

La confluencia suele ir seguida de la retirada, permitiendo al sujeto reconquistar su frontera-contacto, encontrar su propia identidad marcada por la singularidad y la diferencia. Cuando esta retirada resulta difícil y la confluencia se vuelve crónica, el funcionamiento puede ser calificado de «patológico» (neurótico o psicótico).

Podemos encontrar un ejemplo en la inhibición que obstaculiza cualquier ruptura del equilibrio establecido y toda puesta en acción responsable. También lo encontramos en las parejas donde alguna de las partes no permite ninguna actividad por separado y es vivida como una «traición».

Hay tres variantes de la confluencia:

- El rechazo a la retirada (al fin del ciclo).

- La confusión de su deseo con el del otro, especialmente en las relaciones amorosas (después del pleno contacto).

- La incapacidad de terminar después del logro y la satisfacción.

Simbiosis, fusión, hipercontacto y prolongación del contacto son los denominadores de la confluencia.

La confluencia del bebé

La confluencia del bebé y del niño pequeño con su madre es normal y necesaria. Es gracias a este contacto caluroso y casi permanente que el niño puede sentirse seguro, evolucionar y ser capaz, más adelante, de establecer intimidad y ternura en su vida sentimental. De todas formas, la confluencia se convierte en neurótica si se prolonga de una forma exagerada en la vida del niño (son las tristes historias de las «madres judías», que no quieren ver crecer a sus hijos y les continúan tratando como bebés aunque tengan uso de razón).

La confluencia amorosa

La confluencia amorosa es muy conocida y está muy representada en la literatura y en el cine, pero también en nuestras culturas. Los amores son inseparables, se visten y piensan de la misma manera, cada uno mira al otro antes de tomar una decisión aunque sea banal, forman «un uno».

■ La actitud terapéutica frente a la confluencia

El trabajo «en el terreno personal»

Este trabajo se realiza sobre los límites corporales, verbales e ideológicos, y sobre la fluidez de las relaciones. Se trata de enseñar a la persona a alternar entre el contacto y la ruptura del contacto, entre el apego y el desapego. En el terreno personal consiste en señalar sus cualidades específicas, su individualidad. ¿Qué es lo que le hace ser original?, ¿qué es lo que le distingue de su marido, de su hijo, de su madre o de su jefe? Es una especie de emancipación, de responsabilizarse de sí mismo sin miedo a sentirse «disuelto».

El sentimiento de abandono

La emancipación de la que hablamos solo se puede hacer en un clima de confianza. Si la confluencia es especialmente crónica, puede provocar un sentimiento de abandono cuando termina: «Si ya no estás a mi lado día y noche, me siento abandonado y me angustio». El trabajo del terapeuta consiste en favorecer una mejor afirmación de su identidad, en hacerla crecer y asumirla a solas.

> Yo sigo mi vida y tú sigues la tuya. Yo no estoy en este mundo para cumplir tus expectativas. Y tú no estás en este mundo para cumplir las mías. Tú eres tú y yo soy yo... ¡Y si por casualidad nos encontramos, será maravilloso! Si no, ¡no puede remediarse![46]

---

46. Se trata de la «Plegaria de Perls».

La introyección

■ La base de la educación

La introyección es la base de la educación del niño y de su crecimiento. No podemos crecer más que asimilando el mundo exterior, algunos alimentos, ideas y principios.

El bebé traga la leche y aprende los primeros principios de seguridad («atención, no debes tocar esta placa caliente») y de higiene («¡tienes que lavarte los dientes si quieres tenerlos blancos!»). Después, aprenderá las reglas de socialización en el colegio («has de compartir tus juegos con tu amigo»), y así continuamente.

Sin embargo, no podemos contentarnos con tragar estos elementos exteriores sin «masticarlos», sin «digerirlos» progresivamente, sino se quedarán en nosotros como cuerpos extraños parásitos. De ahí algunas expresiones populares como «lo tengo atravesado en la garganta» o «se me está indigestando».

Toda asimilación empieza por un proceso de destrucción, de desestructuración. Masticamos la manzana antes de tragarla, igual que criticamos una idea antes de adoptarla.

Así pues, la introyección que permite construir es la buena introyección porque es sana y porque, sin ella, no seríamos seres sociales ni formaríamos parte de una familia, de un grupo humano y de una civilización. Ya hemos escrito antes que el niño traga diversos elementos para construirse; estos son elementos alimenticios tanto para el cuerpo (los alimentos) como para el espíritu (educación, instrucción, cultura...).

Más adelante, tendrá que hacer una especie de elección de todos estos elementos: clasificar los que quiere conservar y eliminar los que ya no son actuales o no corresponden a sus valores de adulto.

■ La actitud terapéutica frente a la introyección

La introyección patológica consiste en «tragarse» todas las ideas, hábitos o principios, sin tomarse la molestia de transformarlos para asimilarlos. Se puede tratar, por ejemplo, de todos los «tienes que», «debes», etc., de nuestra infancia, que han sido incorporados sin elección ni asimilación en el marco de la educación judeocristiana tradicional.

El trabajo sobre la autonomía

La terapia Gestalt pretende desarrollar la autonomía y la independencia del cliente. En un primer momento, es importante buscar las frases típicas que tendrán que ser masticadas o remasticadas. Y aquí hay algunas:

- «Hay que amar y respetar a los padres».
- «Para adelgazar hay que beber dos litros de agua cada día».
- «Siempre has de decir toda la verdad a tu pareja».
- «Nunca has de hacer sufrir inútilmente a tu pareja».
- «Hay que saber sacrificarse por los niños».
- «Has de estar siempre feliz y satisfecho para dar un ejemplo de autorrealización a los demás».
- «Sé espontáneo».
- «Estate motivado».
- «No has de creer lo que yo digo».

En los tres últimos ejemplos, hay dos órdenes incompatibles. A estas dos órdenes imposibles de satisfacer simultáneamente tendríamos que añadir una tercera: exigir una opción en situaciones donde las opciones son imposibles y prohíben cualquier negación o comentario sobre lo absurdo de la situación.

La idea de la responsabilidad

Cuando hayamos tomado conciencia de nuestras introyecciones inútiles podremos responsabilizarnos de todas aquellas que hayamos decidido deliberadamente conservar y, por tanto, asumir. No estamos hablando de los principios débilmente avalados durante nuestra infancia o en nuestra escolaridad, sino de aquellos valores y éticas en los que creemos, aquellos que defendemos y ponemos en práctica en nuestra vida cotidiana.

Ejemplo de Nicolás, 41 años

Nicolás trabaja en una empresa de servicios públicos. Le cuesta posicionarse en su equipo y por eso se entrega totalmente a su trabajo. Cada vez duerme peor y se encuentra cansado. Nunca ha vivido una crisis de adolescencia, siempre fue un alumno bastante sumiso y estudioso, y ahora de repente se da cuenta de que sus principios no le bastan, que el mundo en el que gravita no es tan sencillo. «Me decía que tenía que respetar a mi jefe y demostrárselo, que debía ser un modelo para los demás, trabajar hasta muy tarde, ¡estar siempre motivado por mi trabajo! Y ahora, ¡no puedo más!».

Su trabajo terapéutico consiste en tomar conciencia de esta disfunción, expresar las modificaciones e identificar sus verdaderas ideas de adulto autónomo y responsable.

La proyección

■ **La proyección es la actitud inversa a la introyección**

Podríamos decir que se trata de la simetría de la introyección. La proyección* es un mecanismo de la imaginación (es la que permite el contacto y la comprensión de los otros). Yo no puedo imaginar lo que el otro siente si no me pongo más o menos en su lugar. La empatía se alimenta, en cierta medida, de las proyecciones. Respecto a mis planes sobre el futuro, son también proyecciones de aquello que imagino. Es la proyección la que alimenta la creación artística del pintor, del escultor, del escritor que se identifica con su obra o con sus héroes. En este sentido, la proyección es «sana».

Pero existe también una proyección patológica que consiste en atribuir a otros nuestros propios sentimientos. Ahora bien, si esta proyección es sistemática, se convierte en un mecanismo de defensa *habitual* y *estereotipado*, independiente del comportamiento efectivo actual de los demás. Esto se suele traducir en el reagrupamiento arbitrario de estos comportamientos bajo fórmulas genéricas como «no me escuchas», «nunca me entiendes», en lugar de «creo que ahora no me has entendido bien». O «nunca podemos confiar en esta persona», en lugar de «tengo la impresión de que esta vez has querido engañarme».

En este caso, «el mundo exterior se convierte en el campo de batalla en el que se enfrentan los conflictos internos del individuo.[47]

■ La actitud terapéutica frente a la proyección

La técnica de la confrontación

La terapia de grupo facilita este tipo de trabajo. Cuando una persona dice «noto que me rechazas porque soy gordo», tendrá que poder confrontar esta afirmación con la realidad del «terreno». ¿Es cierto que los miembros del grupo le rechazan o es solo una impresión suya? Y si este fuera el caso, ¿es este rechazo debido a su peso o a otros elementos que él ignora?

El psicodrama para detener la proyección insana

El psicodrama suele utilizarse en la terapia Gestalt y puede sacar a relucir perfectamente las resistencias y evitaciones del contacto. Si el terapeuta se da cuenta de que el cliente tiene una propensión importante a proyectar las cosas de manera patológica, de forma que afecta a su equilibrio personal y al de su entorno, le propondrá una especie de juego de rol en el que el cliente interpretará su propio rol al dirigirse a otro interlocutor, por ejemplo, una persona del grupo.

La retroflexión

■ El efecto bumerán

La retroflexión* es un mecanismo que consiste en devolver contra uno mismo la energía movilizada, hacerse uno mismo lo que se querría hacer a los otros (por ejemplo: me muerdo los labios o aprieto los dientes para no agredir a alguien), o hacerse a sí mismo lo que uno querría que los otros le hicieran (por ejemplo, me alabo yo mismo).

---

47. Fritz Perls, *Manuel de Gestalt-thérapie*, ESF, 2005.

La retroflexión, bien entendida, es inevitable. Es una muestra de la educación social, de la madurez y del autocontrol. No puedo permitirme expresar de una forma espontánea, o «salvaje», todas mis tendencias agresivas o todos mis deseos eróticos, y la sociedad cultiva en mí los principios de «buena conducta» y los sentimientos de culpabilidad que moderarán mi ira o mi deseo, unos sentimientos que voy, en parte, a «contener».

La retroflexión en el ámbito profesional

La retroflexión en el trabajo puede manifestarse de diferentes maneras:

- Morderse las uñas antes que agredir verbalmente a un compañero.

- Sentir fatiga crónica en una situación de acoso moral.

- Sufrir dolores de cabeza durante una entrevista con un superior por no poder o tener miedo a decir de verdad lo que no funciona.

■ Los tres estados de la retroflexión

La retroflexión crónica estaría en el origen de varias somatizaciones, como la aparición de dolores de estómago o una úlcera, a fuerza de controlar la ira o el rencor. Conocemos los trabajos de Laborit[48] sobre la inhibición de la acción y los de Simonton[49] sobre el cáncer que afecta, en una proporción significativa, a las personas demasiado controladas que no manifiestan apenas sus emociones ni «negativas» (ira, tristeza...), ni «positivas» (alegría, entusiasmo...), acumulando así el estrés y utilizando los recursos de sus mecanismos inmunitarios.

---

48. Henri Laborit, *Inhibition de l'action*, Masson, 1980.
49. C. Simonton, S. Matthew-Simonton y J. Creighton, *Guérir envers et contre tout. Le guide quotidien du malade et de ses proches pour surmontar le cáncer*, EPI, 1990.

Primera etapa: el autocontrol

Es el primer estadio de la retroflexión. Se trata de un control sobre uno mismo que se considera positivo en determinadas circunstancias. Por ejemplo, no expresar la ira a un policía que me está multando por miedo a agravar mi situación.

Segunda etapa: el amor a uno mismo

Es un elemento narcisista que consiste en hacerse o decirse a uno mismo cosas que más bien esperas que te hagan o te digan otros. Por ejemplo, alabamos nuestros méritos y nuestras cualidades delante de nuestros amigos porque ellos no lo hacen.

En cuanto a la sexualidad, la autoestimulación sexual sistemática es también amor a uno mismo. Uno se puede tocar a sí mismo porque «nadie me toca mejor que yo mismo».

Tercera etapa: el odio a uno mismo

El odio a uno mismo es un tipo de agresividad* que no podemos expresar con los otros; de hecho, nos vuelve por el efecto bumerán.

Por ejemplo, si una mujer lleva años odiando a su marido pero no se atreve a decírselo por miedo, toda su energía agresiva y negativa acaba volviéndole a ella. A fuerza de contenerse en casa y en el trabajo, acabará sintiendo algunos síntomas psicosomáticos reveladores, como dolor de huesos, dolor de estómago, migraña, insomnio, psoriasis, etc. Después las cosas van empeorando cada día, hasta que el dolor de estómago se convierte en una úlcera. Si esta persona no tiene en cuenta estas señales corporales y mentales, podrá caer en una enfermedad más grave, o incluso puede morir. Su agresividad contenida se volverá contra ella y la carcomerá si no lucha contra el mundo que la rodea para encontrar mejores soluciones.

■ La actitud terapéutica frente a la retroflexión

El terapeuta incitará a la persona en retroflexión a expresar sus emociones para que pueda liberarse de tantos afectos, resentimientos, sentimientos negativos, etc. Para ello, la persona tendrá que tomar conciencia de los fenómenos psicosomáticos que la afectan y que figuran como síntomas que revelan un problema quizá mal entendido.

La deflexión

■ La desviación del contacto

La deflexión* es un mecanismo muy generalizado, que permite evitar el contacto directo desviando la energía de su objeto de origen. Es una actitud de huida, de evitación, de maniobras inconscientes de diversión. Es desviar la atención de nuestro interlocutor para no responder a su pregunta; es responder «otra cosa», o utilizar maniobras sutiles del lenguaje para «dar largas».

Dicho de otra manera, todos hacemos deflexiones diariamente desde que somos pequeños, cuando hablamos amablemente con nuestra mamá para que no se dé cuenta de que hemos roto un plato. El humor es también una forma adaptada de deflexión.

La deflexión en el ámbito profesional

Se trata de todas las maniobras de evitación, como son:

- La generalización
- La intelectualización
- La burla, el humor (a veces, negro)

■ La actitud terapéutica frente a la deflexión

La deflexión sistemática e inapropiada impide cualquier contacto verdadero y, en los casos más extremos, impide todo tipo de contacto. En este caso, el trabajo del terapeuta, como en todos los mecanismos de evitación, consistirá en hacer que el cliente-paciente tome conciencia del mecanismo inapropiado que utiliza. Le invitará no a que evite a la persona que le molesta, sino, al contrario, a «cruzarse» con ella, a mirarla bien a la cara y a encontrar una verdadera solución para llegar al final de un problema eventual.

La proflexión

La proflexión nos lleva a hacer lo que queremos. Es una especie de combinación de la proyección y la retroflexión de tipo manipulador: hacer que el otro haga lo que yo quiero que haga. Por ejemplo, hago comentarios positivos sobre la vestimenta de otro con la intención de que se fije en la mía. Es el principio de *Háblame... Tengo cosas que decirte* (título de un libro de Jacques Salomé).

La proflexión en el ámbito profesional

—Buenos días, Durand. Presentaste muy bien el caso ayer por la mañana ante el comité de dirección. ¡Bravo!

—Gracias. ¡Tú también te defendiste bien!

—¿Sí, estás seguro? Me encanta oír esto.

El egotismo

El egotismo es centrarse en uno mismo. Se trata de llevárselo todo para uno. Es la independencia, la autonomía y la autosuficiencia.

Es un refuerzo deliberado de la frontera-contacto.* Interesarse demasiado por uno mismo y los propios problemas, consagrar muchas horas a la autoobservación, a tener experiencias, a sacrificar tiempo y dinero para uno mismo y para estar mejor.

El egotismo es adecuado si se sitúa en la interdependencia cara a cara de los otros y del entorno.

El egotismo en el ámbito profesional

—Estate seguro de que el sello de calidad nunca se hubiera materializado sin mí. Yo lo he hecho todo de la A a la Z... Y le he dedicado un montón de horas.

—Sí, pero yo también.

—Lo tuyo no es nada. Tendrías que haber visto cómo convencí a Fulano para que sacara el manual de calidad.

Negativismo, invalidación y anulación retroactiva

Es una evitación que consiste en negar la realidad del contacto en curso. En la anulación retroactiva, todo lo que ha pasado o ya no tiene valor, o ya no existe. Varios meses, e incluso más, de psicoterapia pueden quedar «anulados» después de un incidente mal vivido; por ejemplo, el olvido de un saludo del terapeuta.

La invalidación es un mecanismo frecuente en psicoterapia. No hay ningún progreso ni cambio durante meses, porque cada vez es la misma sesión.

En la vida personal o de pareja, por ejemplo, la invalidación o anulación retroactiva ocurre frecuentemente después de una separación o divorcio: la pareja acaba por negar todos los elementos o vivencias positivas de su vida pasada. Su encuentro o su amor pasado quedan anulados y parecen no haber existido jamás, sobre todo si la fase final de la separación ha sido difícil y ha provocado sentimientos negativos. Este fenómeno lo viven especialmente mal los niños, que tienen la impresión de formar parte de los elementos rechazados.

Las polaridades complementarias: una mirada multidimensional

Las polaridades opuestas y complementarias vistas por la Gestalt

La mirada multidimensional hacia el interior y hacia el exterior, según unos ejes definidos y hacia cada extremidad del eje, es un enfoque global del ser humano. Son facetas opuestas de un sentimiento, de una actitud o de un rasgo del carácter. Estas facetas no están en oposición sino en «polaridades»* sobre un mismo eje.

Esta concepción de la naturaleza, y especialmente de la naturaleza humana, es primordial en el pensamiento gestaltista. Bajo esta óptica, el rechazo, la negación de una polaridad o de la otra, en lugar de su integración, acaba con la fragmentación de nuestro ser, con la alineación de las partes que hay en nosotros.

Las polaridades en el taoísmo

El taoísmo no se concentra en la búsqueda del Bien, porque todo es natural, tanto el Bien como el Mal, y los contrarios aparecen automáticamente. En cuanto se nombra una cosa, inmediatamente aparece su opuesto. He aquí los dos principios fundamentales inseparables: el yin (femenino, símbolo de la belleza, dulzura, calma, tierra y luna) y el yang (masculino, símbolo de la verdad fuerte y penetrante, el cielo y el sol).

■ Las polaridades, según Perls

Fritz Perls había ya estudiado las polaridades con el filósofo alemán Friedrich Schelling (1775-1854), condiscípulo de Hegel, que tenía mucha influencia de Heidegger. Schelling había hecho de las polaridades la prioridad de sus reflexiones. Según él, la naturaleza se construyó según el principio de la oposición de las fuerzas: atracción/repulsión, electricidad positiva/negativa, acción/inhibición.

A Perls le gustaba trabajar el tema de las polaridades. Utilizaba la técnica del «monodrama» con la inversión de roles, que es de hecho una variante del psicodrama de Moreno, donde el cliente juega él mismo diferentes roles alternativamente.

Cogía dos sillas y las ponía una enfrente de la otra y pedía a la persona que se sentara en una de ellas para interpretar una polaridad (por ejemplo, «soy amable»). Tenía que representar esta polaridad con palabras, actitudes, gestos o representaciones. Después, Perls invitaba al cliente a sentarse en la otra silla y experimentar la polaridad complementaria, generalmente rechazada («soy rudo»). Se trata de resaltar la polaridad opuesta de la «amabilidad», es decir, la «rudeza», en todos sus aspectos y representaciones verbales y no verbales.

Cuando el método de Perls alcanzó el éxito, él ya era mayor, por lo que no pudo practicar apenas él mismo una Gestalt «psicocorporal». Su mujer, Laura, que era música y bailarina, remarcaba a menudo que «el trabajo corporal forma una parte integradora de la Gestalt». Ella usaba el contacto físico, tocaba a sus clientes y dejaba que la tocaran.

■ El trabajo sobre las polaridades, o cómo disminuir nuestras zonas ocultas

Rechazamos, no vemos qué nos molesta, qué tememos. Queremos, por ejemplo, que nos califiquen de «generosos» cuando todavía no hemos explorado nuestros aspectos «tacaños».

El *coaching* favorece la integración de las polaridades complementarias y no la eliminación de una por la otra. Así, un director «masculino», viril, duro, puede aprender a desarrollar su lado «femenino», intimista y dulce, y cultivar así una personalidad más completa, más global. Si él vive y dirige un equipo de una forma estereotipada y unilateral, si no le afectan los sentimientos o emociones contradictorios, su contacto consigo mismo y con los demás será problemático.

■ Ejemplo de cómo se trabajan las polaridades en una sesión de *coaching*

El terapeuta o el *coach* propone al cliente que haga un círculo con varios ejes y que se sitúe en cada punta. En nuestro ejemplo (el *coaching*), el *coach* invita a la persona a enumerar algunos objetivos que caracterizan su estilo de trabajo de dirección. Se califica, por ejemplo, de «serio», «impaciente» y «masculino».

Estos tres adjetivos se escriben en el círculo, y el cliente nombrará sus contrarios y los escribirá en el polo opuesto de cada eje: «divertido» como opuesto a «serio»; «paciente» a «impaciente», y «femenino» a «masculino».

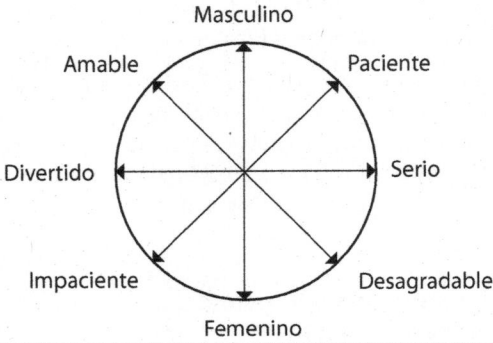

La rueda de las polaridades

El *coach*, entonces, hace énfasis en cada uno de estos tres adjetivos y propone a su cliente que explore las nuevas polaridades. Por ejemplo, ¿qué pasaría si el cliente es, de vez en cuando, «divertido» en lugar de ser siempre «serio»?, ¿cómo afectaría a su equipo?, ¿qué ventajas habría?, ¿cómo se lo tomaría el equipo?, ¿qué pasaría si aceptara también su polaridad femenina para realizarse plenamente en su función?, etc.

Al integrar la posibilidad de ser «a veces divertido» o «a veces paciente», el cliente está buscando todas las ventajas posibles y también las claves de acceso: «Si fuera más divertido, a lo mejor, les haría reír y me desestresaría..., o tendría menos problemas al volver a casa por la noche y podría estar más con los niños. No es mi estilo ser divertido, pero podría serlo un poco al principio. Podría hacer una broma a Fulano, o estar de mejor humor en la reunión del lunes por la mañana».

Estas decisiones mejorarán el contacto y la calidad de vida del cliente porque le ayudarán a reducir sus zonas ocultas, aquellas que él rechaza y que al principio le dan miedo.

El trabajo sobre las polaridades consiste en buscar cómo disminuir nuestras zonas ocultas, es decir, aquellas que rechazamos o que no vemos porque nos dan miedo. ¿Qué hay de bueno en esta situación, en este sentimiento, en esta polaridad que rechazamos?[50]

50. Gonzague Masquelier, *Vouloir sa vie*, Retz, 1999, pp. 70-71.

La rueda del contacto y sus polaridades

Se trata de una representación gráfica que permite el diagnóstico global y preciso del contacto.

■ Las polaridades del contacto: diagnóstico personal

Las polaridades del contacto son variadas y sutiles. Hemos decidido reagruparlas en varios ejes, tales como la intensidad del contacto, los aspectos emocionales o relacionales, etc. Hay seis ejes con sus polaridades complementarias:

- Eje de la intensidad del contacto (de débil a fuerte).
- Eje relacional (de relaciones vacías a relaciones íntimas).
- Eje del movimiento (estático y móvil).
- Eje de los objetivos (hacia mí, hacia los demás).
- Eje emocional (del odio al amor).
- Eje del proceso (de interrumpido a conseguido).

Las polaridades de la rueda de contacto

El pentagrama: una herramienta del enfoque holístico

El ser humano está atrapado en su globalidad en la interacción sistemática de sus cinco dimensiones principales: física, afectiva, racional, social y espiritual. Estas dimensiones engloban la totalidad de su entorno local y universal.

Se trata de un diálogo permanente entre el cliente y su terapeuta que le permite utilizar todos los lenguajes disponibles: la palabra, pero también la postura, los gestos y microgestos (semiconscientes), las emociones implícitas o subyacentes.

Según Serge Ginger,[51] las asociaciones se hacen libremente en función del modo preferencial de cada persona y en cada momento:

- Del cuerpo hacia la emoción.
- Del lenguaje verbal hacia la interacción social.

O a la inversa:

- De los fenómenos sociales a su verbalización.
- Del verbo a la emoción.
- De la emoción vivida a su traducción corporal.

El pentagrama de Serge Ginger

Esta estrella de cinco puntas es una representación simbólica del enfoque holístico (del griego *holos*, «el todo») y multidimensional del hombre que caracteriza perfectamente la Gestalt. Es el enfoque del individuo en su globalidad y en la interacción sistémica de sus cinco dimensiones principales.

Este pentagrama en forma de estrella simboliza el hombre, según una tradición que se remonta a Pitágoras. Fue Leonardo da Vinci quien la hizo famosa.

---

51. Serge Ginger, «Fritz Perls», *Revista Gestalt*, 1990.

Las cinco dimensiones del pentagrama son las siguientes:

- La dimensión física representa el cuerpo, la sensorialidad, la motricidad y la sexualidad.

- La dimensión afectiva representa el corazón, las emociones, los sentimientos, la relación del amor, el otro, etc.

- La dimensión racional representa la cabeza con sus dos hemisferios, las ideas, la creatividad.

- La dimensión social se refiere a la relación con los demás, al ámbito social, al entorno humano, al ámbito cultural, etc.

- La dimensión espiritual hace referencia al lugar del hombre en el entorno cósmico y en el ecosistema global.

Este pentagrama no se refiere únicamente al desarrollo del hombre; también puede extrapolarse a la situación de una empresa, de una institución, de una pareja (y de su vida sexual), de una sociedad, etc.

La representación del pentagrama en las diferentes tradiciones[52]

- Para los celtas, el cinco representaba la totalidad.

- Para los aztecas, es el hombre, la conciencia del mundo y el número del mundo presente.

- En el islam, el pentagrama es beneficioso y los cinco dedos de la mano de Fátima evitan la mala suerte.

- Para los antiguos griegos, el cinco se consagró a Higía, la diosa de la salud y del bienestar.

---

52. Serge Ginger, *La Gestalt, une thérapie du contact*, Hommes et Groupes Éditeurs, 2003.

■ El pentagrama humano

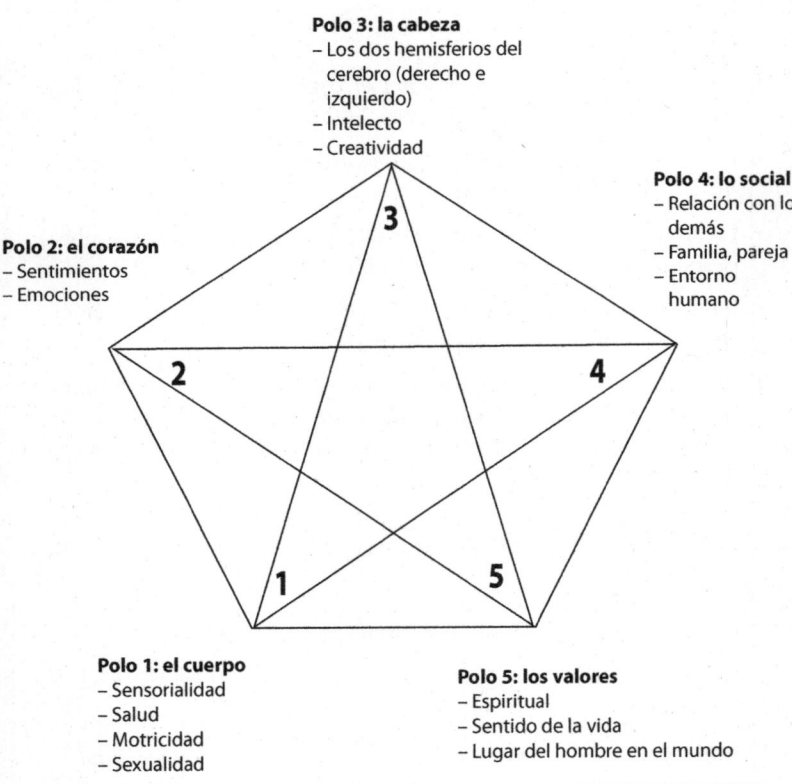

Polo 3: la cabeza
– Los dos hemisferios del cerebro (derecho e izquierdo)
– Intelecto
– Creatividad

Polo 4: lo social
– Relación con los demás
– Familia, pareja
– Entorno humano

Polo 2: el corazón
– Sentimientos
– Emociones

Polo 1: el cuerpo
– Sensorialidad
– Salud
– Motricidad
– Sexualidad

Polo 5: los valores
– Espiritual
– Sentido de la vida
– Lugar del hombre en el mundo

El pentagrama de Serge Ginger

El orden en el que han sido dispuestos los diferentes polos no es fortuito. Para empezar, el hombre se apoya en dos piernas asegurando así su anclaje a la tierra y al mundo: lo físico y lo metafísico. Después, sus dos brazos le dan la posibilidad de entrar en contacto con los otros: el brazo izquierdo al lado del corazón, y el brazo derecho más activo.

Hay que precisar que la parte izquierda del pentagrama hace referencia a la vida interior del hombre (cuerpo, corazón y cabeza), mientras que la derecha hace referencia a su entorno próximo (social) o global (cósmico).

El terapeuta puede utilizar el pentagrama del hombre para proponer a su cliente que haga un diagnóstico interesante sobre su persona y así analizar las diferentes percepciones y sus posibles disfunciones. Este enfoque multidimensional pone en evidencia los vínculos entre los diferentes polos y sus interacciones.

Ejemplo de trabajo terapéutico con el pentagrama

En una hoja o pizarra, el cliente evalúa y dibuja cada uno de los cinco polos en hipertrofia (punta más grande), en atrofia (punta más corta) o en equilibrio (homeostasis).*

Polo 1: El cuerpo. «Estoy cansado desde hace un tiempo. Tengo mucho trabajo y no hago ya deporte. Me he engordado porque suelo comer en restaurantes con clientes. Antes mi mujer iba a correr conmigo, ahora se ocupa del bebé». Punta en atrofia.

Polo 2: El corazón. «Salto a la mínima con mi familia. Me gustaría ser más tranquilo pero no lo consigo. No consigo controlar mi enfado y mi frustración». Punta en hipertrofia.

Polo 3: La cabeza. «Mi cabeza funciona bien. Mis neuronas funcionan bien y soy bastante creativo. Tengo buena memoria y mi empresa acaba de pedirme que dé un curso sobre mis competencias profesionales». Punta en equilibrio.

Polo 4: Lo social. «Fuera de la empresa soy responsable de un club de fútbol para jóvenes y eso me lleva tiempo. También he aceptado la presidencia de una asociación. Es demasiado y mi familia casi no me ve». Punta en hipertrofia.

Polo 5: Los valores. «Sé hacia dónde voy en mi vida, aunque a veces, me desanimo un poco. Tengo unos valores en los que creo y respeto». Punta en equilibrio.

Los otros pentagramas

■ El pentagrama de la empresa

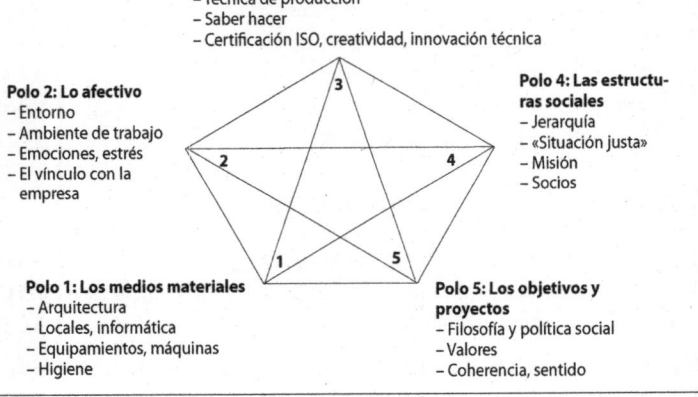

Polo 3: Lo racional
– Técnica de producción
– Saber hacer
– Certificación ISO, creatividad, innovación técnica

Polo 2: Lo afectivo
– Entorno
– Ambiente de trabajo
– Emociones, estrés
– El vínculo con la empresa

Polo 4: Las estructuras sociales
– Jerarquía
– «Situación justa»
– Misión
– Socios

Polo 1: Los medios materiales
– Arquitectura
– Locales, informática
– Equipamientos, máquinas
– Higiene

Polo 5: Los objetivos y proyectos
– Filosofía y política social
– Valores
– Coherencia, sentido

El pentagrama de la empresa

Es un pentagrama orientado a la empresa. Tiene los mismos polos, pero orientados hacia el medio de trabajo y de la institución.

- **Polo 1:** Los medios materiales

- **Polo 2:** Lo afectivo

- **Polo 3:** Lo racional

- **Polo 4:** Las estructuras sociales

- **Polo 5:** Los objetivos y proyectos

Ejemplo de utilización del pentagrama en las sesiones de *coaching*

El *coach* invita al cliente a hacer una visión de conjunto de su equipo, de su empresa y de su medio profesional. Esta herramienta se diagnosticará de la misma manera que la que está orientada al hombre, es decir, en atrofia si la punta es muy corta, en hipertrofia si la punta es muy larga y en equilibrio si todo va bien.

El diagnóstico propuesto durante el *coaching* permite:

- La lectura multidimensional de un individuo o de una situación.

- El enfoque sistémico* e interactivo de los cinco polos.

- La detección rápida de las carencias importantes: hipertrofia (atrofia de una u otra punta).

Este enfoque se puede extrapolar del individuo a la pareja, a la institución o a la empresa. Este esquema conserva un valor diagnóstico importante para localizar el mal funcionamiento y prever una estrategia de intervención coherente.

Esta herramienta será especialmente útil al principio del *coaching* para evaluar rápidamente el conjunto de la situación, pero también al final para evaluar las diferencias con el principio y establecer un diagnóstico actualizado.

■ El pentagrama de la sexualidad

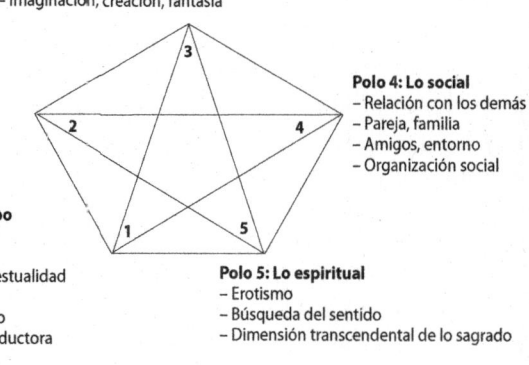

Polo 3: La cabeza
– Los dos hemisferios del cerebro (derecho e izquierdo)
– Inteligencia, erudición, creencias
– Imaginación, creación, fantasía

Polo 2: El corazón
– Sentimientos
– Emociones
– Intimidad
– Ternura

Polo 4: Lo social
– Relación con los demás
– Pareja, familia
– Amigos, entorno
– Organización social

Polo 1: El cuerpo
– Sensorialidad
– Salud
– Motricidad, gestualidad
– Sexualidad
– Goce, orgasmo
– Función reproductora

Polo 5: Lo espiritual
– Erotismo
– Búsqueda del sentido
– Dimensión transcendental de lo sagrado

El pentagrama de la función erótica

Retomamos las cinco dimensiones, pero esta vez orientadas a la sexualidad y al erotismo:

- *El polo físico*: Es la dimensión física de la sexualidad, es decir, el cuerpo, el conocimiento y la toma de conciencia de las sensaciones, su fluidez, su contacto físico, su placer erógeno, su capacidad de ternura, su sensualidad, su capacidad de moverse, de bailar, etc.

- *El polo afectivo*: Es la dimensión afectiva, emocional y sentimental (el corazón), el acceso posible a la intimidad, al intercambio, a la comunicación verbal.

- *El polo racional*: Es la dimensión intelectual (la cabeza), los conocimientos y la erudición en materia erótica, las lecturas, la inversión mental, la imaginación, la creatividad o la fantasía.

- *El polo social*: Es la relación con los otros, el lugar y la inclusión de la función erótica en la vida social, el buen uso de las normas de esta sociedad.

- *El polo espiritual*: Esta dimensión sexual se refiere al erotismo y la espiritualidad, la búsqueda del sentido, de lo que transciende, de los valores del erotismo hacia su dimensión sagrada.

El diagnóstico propuesto durante una sesión de sexoterapia permitirá:

- La lectura multidimensional y global (holística) de un individuo en su función erótica.

- Una representación, un esquema, un dibujo de esta dimensión erógena; si el dibujo no conviene a la persona, puede probar de transformarlo, prever lo cambios en este aspecto sensual y sexual.

- La detección rápida de carencias importantes: la hipertrofia (atrofia de alguna de las puntas) y el trabajo de reparación de la sexoterapia.

Ejemplo de utilización del pentagrama de la sexualidad en una sesión de sexoterapia.

Javier, de 52 años, está enamorado de Caterina. Consulta al terapeuta sexual, Fred, desde hace dos años. Este le pregunta sobre su vida sentimental y sexual mediante el pentagrama. Es Javier quien representa las cinco puntas del esquema: unas en equilibrio, otras en hipertrofia o en atrofia. Aprovecha para escribir las palabras clave al lado de cada una y hace algunos dibujos en color.

- *Dimensión física*: Está en atrofia porque Javier ha ganado algunos kilos y no se encuentra a lo suficientemente atractivo para su amiga. Además, acaba de tener algunos problemas de erección porque está estresado y cansado.

- *Dimensión afectiva*: Es el gran amor. Javier dibuja pequeños corazones rojos en la punta de las emociones. Está en hipertrofia. Javier está lleno de sentimientos positivos y amorosos, está feliz y se lo dice a Caterina y a su entorno.

- *Dimensión racional*: Está en equilibrio. Javier ha sopesado los pros y los contras con Fred antes de lanzarse a una nueva relación amorosa. Esta vez, no tiene la impresión de reproducir la imagen de salvador de la mujer que ama.

- *Dimensión social*: La punta está atrofiada. La pareja está actualmente contaminada por el exmarido de Caterina, que continúa acosándola, y esto les impide vivir plenamente su amor.

- *Dimensión espiritual*: Javier pide una sexualidad próspera y más centrada en el erotismo y la sensualidad. Se ha apuntado a unas clases de sexo tántrico con su amiga.

En resumen

La *awareness* es darse cuenta, tomar conciencia, la atención vigilante en la concentración sobre lo que pasa en nosotros y a nuestro alrededor, en especial, lo que concierne al proceso de contacto. El ciclo de contacto forma una parte integral de toda nuestra vida. Las interrupciones y bloqueos en este ciclo son elementos perturbadores y patológicos cuando son recurrentes.

En psicoterapia o sexoterapia es muy importante percibir los mecanismos de evitación del contacto, porque estos son una causa de fracaso importante en la vida relacional, profesional, amorosa o sexual.

El pentagrama es una herramienta de diagnóstico global que da al terapeuta, sexólogo o *coach* la posibilidad de visualizar diferentes modos de funcionamiento psicológico.

Ejercicios

Awareness

«Darnos cuenta de nuestro cuerpo, de nuestro corazón y de nuestra mente».[53]

Objetivo: Aprender a reconocer aquello que nos revelan nuestros sentidos, ser conscientes de lo que ocurre en nuestro interior y en nuestro exterior en cada momento; en nuestro cuerpo, corazón y mente.

Preparación: Dedica un momento a recogerte y explorar la información que te llega del exterior y del interior. Colócate en un lugar tranquilo, en la naturaleza, en la habitación o en el despacho, y procura que nadie te moleste.

Práctica:

¿Qué sientes en tu cuerpo? ¿Te sientes relajado, nervioso, respiras libremente, eres consciente de tus sensaciones, cuáles son? ¿Percibes tu energía? ¿Late rápido tu corazón? ¿Sientes un nudo en la garganta? Ve anotando todos estos mensajes corporales tan significativos.

¿Qué sientes en tu corazón? ¿Está calmado o agitado? ¿Qué emociones sientes? ¿Alegría, miedo, tristeza, enfado, odio? ¿Te sientes con confianza o inseguro en el momento presente? Toma conciencia de lo que te ocurre en este momento.

¿Qué dicen tus pensamientos? ¿Estás incómodo por pensamientos parásitos, contradictorios, obsesivos o, por el contrario, son pensamientos claros que te permiten estar bien conectado con el

---

53. Para más información sobre esta tema, véase nuestro libro *L'Art du Contact*, Éditions d'Organisation, 2003.

momento presente? Escucha activamente tu diálogo interior y comprueba la honestidad de tus pensamientos. Presta atención a los periodos de silencio que se intercalan en tus pensamientos.

Notas: Cuando hayas recogido las impresiones que te dan el cuerpo, el corazón y la mente, podrás iniciar la integración de los diferentes mensajes y comprobar tu *awareness* del momento.

Comprueba la autenticidad de estas informaciones y mira si eres consciente de cada una de ellas. Si de verdad has conseguido hacer trabajar en equipo el cuerpo, el corazón y la mente, verás que pueden hacer maravillas. Es entonces cuando podrás darte cuenta, contactar contigo mismo, con los otros y con el entorno.

■ ¿Cómo evaluar tu *awareness*?

Estas doce frases te permitirán evaluar tu *awareness*. Pon una cruz en una de las tres columnas («sí», «no», «no lo sé») para responder a cada una de las preguntas.

Preguntas	Sí	No	No lo sé
1. Me cuesta concentrarme.			
2. Me cuesta prestar atención.			
3. Puedo escuchar sin hablar.			
4. Puedo mirar una foto durante un minuto y describirla.			
5. Sé cómo va vestida y peinada mi pareja hoy.			
6. Siento mi respiración, mi corazón, mi calor.			
7. He tenido emociones hoy.			
8. He tenido sensaciones desagradables/agradables hoy.			
9. Tengo pensamientos parásitos.			
10. Me gusta leer.			
11. Me gusta escuchar música.			
12. Puedo calcular mentalmente.			

Para conocer la calidad de tu *awareness*, haz un círculo alrededor de cada una de tus respuestas de la parrilla siguiente, y luego suma los puntos (primero, cada columna, y después, todas las columnas). Lee los comentarios que vienen a continuación.

Preguntas	Sí	No	No lo sé
1. Me cuesta concentrarme.			
2. Me cuesta prestar atención.			
3. Puedo escuchar sin hablar.			
4. Puedo mirar una foto durante un minuto y describirla.			
5. Sé cómo va vestida y peinada mi pareja hoy.			
6. Siento mi respiración, mi corazón, mi calor.			
7. He tenido emociones hoy.			
8. He tenido sensaciones desagradables/ agradables hoy.			
9. Tengo pensamientos parásitos.			
10. Me gusta leer.			
11. Me gusta escuchar música.			
12. Puedo calcular mentalmente.			
TOTAL DE CADA COLUMNA			
TOTAL GENERAL			

Comentarios

Entre 0 y 20 puntos: Tu grado de *awareness* es débil. Tienes poco contacto verdadero contigo mismo y con los otros. Sueles estar distraído y poco atento. Es urgente que pongas remedio a este estado que podría dañarte a ti y a tu entorno.

Entre 21 y 40 puntos: Tienes un grado de conciencia inmediata de lo que ocurre en ti y a tu alrededor bastante bueno, pero todavía puedes hacer algo por mejorarlo.

Entre 41 y 60 puntos: ¡Bravo! Tu *awareness*, tu vigilancia, te informan en todo momento de lo que ocurre en tu interior y en tu exterior. Eres capaz de fiarte de lo que te dicen tus sentidos y das muestras de intuición y creatividad.

■ La concentración en el trabajo

¿De qué eres consciente en este preciso momento? Concéntrate en tus sensaciones corporales (respiración, sensaciones cardíacas, calor del cuerpo, de la frente), en tus pensamientos e imágenes, en los demás.

¿Qué implicaciones tiene en tu equipo de trabajo esto que has sentido? Intenta ver el entorno de trabajo desde un punto de vista nuevo.

El ciclo de contacto

■ ¿Cómo alcanzar el pleno contacto?

«Atreverse a hablar»: Por turnos, una persona tendrá que responder a otra las siguientes preguntas:

- ¿Cómo me veo en relación a ti?

- ¿Cómo te veo a ti?

- Lo que más me gusta de ti.

- Lo que no me gusta de ti.

- Lo que me gustaría que cambiaras de tu comportamiento conmigo.

- Lo que me comprometo a cambiar de mi comportamiento contigo.

■ ¿Cómo cultivar el arte del contacto con uno mismo a diario?

Objetivo: Aprender a cultivar este momento contigo mismo y anclarlo a tu cuerpo y a tu corazón para tener recursos cada vez que los necesites, en situaciones de estrés, por ejemplo, o si el contacto contigo mismo es difuso, o si tienes que iniciar un trabajo de creatividad personal o profesional.

Preparación: Este ejercicio de meditación con uno mismo se puede hacer solo, con un compañero o en grupo. Para ello:

• Reserva media hora en la que nadie te moleste.

• Procura llevar ropa cómoda, sencilla y amplia.

• Prepara el ambiente en el que vas a estar encendiendo una vela perfumada, por ejemplo, y poniendo música suave de fondo.

Práctica

• Siéntate cómodamente en una silla o estírate. Respira profunda y lentamente.

• Imagínate que te vas de vacaciones. Para imaginar lo que va a pasar, deja venir las imágenes, sensaciones, sentimientos, visiones, pensamientos, sin reprimirlos, con fluidez y confianza.

• Piensa en los recuerdos, sensaciones e imágenes más agradables de tu vida, que pueden tener que ver con tu infancia o con un periodo más reciente, y durante los cuales te sentiste bien en contacto contigo mismo, tu cuerpo, tus sensaciones y tus pensamientos.

• Después de unos minutos, elige un recuerdo particular, agradable y vivo.

• Ahora, estás en contacto con todos tus sentidos: puedes fundirte en la escena. Revive plenamente ese momento respirando lenta y profundamente y dejando que las impresiones visuales y olfativas te penetren.

- Ahora puedes hacer hincapié en los sabores. ¿Comes, bebes, degustas una comida, intercambias besos? Contacta con tus sentimientos, sensaciones corporales y deseos.

- Sigue respirando y coloca una mano en el cuerpo, en el brazo, en la cara o en el vientre, y presta máxima atención a la percepción de lo que has vivido y está en tu memoria y en tu corazón. De esta manera estarás creando un «anclaje», es decir, un espacio para lo que has vivido y que se reactivará cuando lo necesites.

- Después, deja reposar de nuevo la mano en el cuerpo. Respira profundamente, estírate, muévete y abre los ojos lentamente. Retoma el contacto con el entorno en el que estás, con tu pareja o con las personas del grupo si no estás solo.

- Dedica cada día unos minutos a este contacto contigo mismo, con tus emociones y sensaciones, y aprende a cultivar esta aptitud natural de contactar contigo mismo fácilmente y en cualquier circunstancia.

- Cuenta lo que has vivido a tu compañero o escríbelo en una libreta especialmente destinada a ello.

■ Entrenamiento para desarrollar la confianza en ti mismo y el contacto contigo mismo

Delante de un espejo, solo, en grupo o con tu terapeuta:

- Mírate como si fuera la primera vez que te ves.

- Di o escribe todos los pensamientos negativos o limitadores que te vengan a la mente. Por ejemplo: «Me encuentro viejo, cansado, tengo arrugas, ojeras, granos».

- Habla en directo a tu cuerpo: «Eres gordo, pequeño, etc.».

- Pide a tu cuerpo o a sus diferentes partes que respondan.

Si estás en tu casa, realiza este ejercicio desnudo: enumera los recursos positivos de este cuerpo que, en cualquier caso, te ha permitido vivir hasta el día de hoy:

- ¿Cuáles son las cualidades principales y secundarias de este cuerpo?

- ¿Cómo podría mostrarlas mejor, desarrollarlas o utilizarlas?

Si estás con tu psicoterapeuta, trabaja sobre tu *look* de vestimenta, en función del contexto privado y del estatus profesional:

- Piensa en el *look* en términos de visibilidad, proyección, fluidez de los tejidos o simbolismo de los colores.

- No dudes en tirar o dar todo aquello que esté pasado de moda, viejo, estropeado, que ya no te vaya o que no uses.

- Cuida los accesorios, ya que sobre todo los hombres tienen tendencia a descuidarlos (reloj, joyas, corbata, fular, zapatos...) y dan un toque de comodidad y de autoestima. Verifica que sean culturalmente aceptables.

Después de este trabajo, intenta redactar las resoluciones clave que te permitirán alcanzar acciones o proyectos en los cuales no habías pensado conscientemente, como por ejemplo, «tengo que respetarme más si quiero que los demás me respeten», o «tengo que cuidarme y cuidar mi cuerpo si quiero encontrar pareja».

Las polaridades

■ Ejercicio de polaridades en una sesión de terapia

En una sesión de terapia Gestalt, se recomienda la experiencia nueva de explorar los extremos opuestos pero complementarios.

Pide al cliente que elabore una lista de los adjetivos que le conciernen (contrarios y complementarios), y ayúdale a expresarlos y «sentirlos» en el proceso de su desarrollo personal. La persona puede aventurarse con toda tranquilidad en el opuesto del eje, sacarlo a relucir o descubrirlo en la faceta más «negra» de su propia representación. El ejercicio se puede hacer en pareja y en grupo.

Capítulo 6

La puesta en práctica de un proceso gestaltista en terapia

La relación terapéutica depende, en gran medida, de la postura y de la puesta en práctica de las estrategias y experimentos propuestos por el propio terapeuta. Las sesiones se pueden hacer individualmente, en pareja, en familia o en grupo, y pueden referirse al ámbito privado, profesional, institucional y social. Los principios de trabajo varían en función del número de participantes y de sus objetivos fijados. Al final de este capítulo hay un análisis de las ideas de «normalidad» y de la clínica psicopatológica gestaltista.

La relación terapéutica gestaltista

El perfil del terapeuta y sus objetivos

■ **Los objetivos del terapeuta gestaltista**

El conocimiento de uno mismo y del entorno

El objetivo de la psicoterapia gestaltista es el de favorecer en el cliente un comportamiento más «inteligente», es decir, vivir, entender y actuar en base a toda la información posible. El objetivo es ayudar a la persona a aumentar el conocimiento de sí misma, del otro y de su entorno, y detectar la forma en que interrumpe, bloquea y anula la comunicación y el contacto con su sistema interno o externo. La atención se ha de enfocar no en lo que el cliente piensa, sino en lo que hace, y en cómo lo hace, con su cuerpo, su corazón y su mente.

> El neurótico es una persona que se entrega de manera crónica a la autointerrupción, que tiene un sentimiento deficiente de su identidad [...]. El proceso terapéutico, que es el restablecimiento del Self por medio de la integración de las partes disociadas de la personalidad, debería llevar al paciente a un punto en el que ya no interrumpa, es decir, al punto en el que ya no esté neurótico.[54]

El terapeuta gestaltista tiene pues como objetivo observar el mundo fenomenológico del presente de su cliente. Por ejemplo, verá cuándo se produce la interrupción de una frase, de un relato; observará si suspende la respiración, si aprieta el puño (como para agredir a alguien), si balancea una pierna como para dar una patada, etc.

La terapia Gestalt prioriza la experiencia sobre lo cognitivo. Esta «teoría del aprendizaje» prioriza la adquisición de experiencias nuevas creando aquellas condiciones que favorezcan una experimentación progresiva, al ritmo del cliente, sin riesgos, y con el seguimiento de un terapeuta. Es, en realidad, una nueva experiencia de comprensión del entorno y del mundo.

Sacar a relucir las necesidades

Otro objetivo es ayudar a la persona a encontrar los medios satisfactorios para responder a sus necesidades. La salud y el crecimiento físico dependen de la calidad de nuestras relaciones. Además, tenemos unas necesidades relacionales muy precisas. Estas necesidades son ocho y han sido identificadas por Erskine y Moursund:[55]

- Necesidad de seguridad.

- Necesidad de valorización.

---

54. Fritz Perls, *The Gestalt Approach*, Bantam Books, 1973. *Manuel de Gestalt-thérapie,* ESF, 2005.
55. Erskine, Moursund, *Integrative Psychotherapy,* Wadsworth, 1988.

- Necesidad de reciprocidad.

- Necesidad de autodefinición.

- Necesidad de tener un impacto.

- Necesidad de beneficiar la iniciativa del otro.

- Necesidad de sentir el amor.

Estas necesidades, que podríamos calificar de «expectativas» (porque la idea de necesidad nos hace pensar en algo fisiológico), están presentes en toda relación y, de hecho, definen una relación. Esta evaluación permitirá al cliente abandonar viejos esquemas que fueron protectores, pero que ya no se adaptan al presente y son anacrónicos.

Pero también es importante que el terapeuta sea consciente de sí mismo, de la conciencia de sí mismo, antes de intentar movilizar la de su cliente.

■ La relación terapéutica

La simpatía como base de cualquier terapia

Sea cual sea la escuela de orientación del terapeuta, Perls subraya que solo hay dos medios importantes. El primero es «la simpatía», que es el compromiso con el campo en su totalidad, el conocimiento de su propio campo y el de su cliente. El segundo es «la empatía» o identificación con el paciente, es decir, que el interés del terapeuta está centrado únicamente en las reacciones de la persona. El psicoterapeuta gestaltista es un acompañante atento que comparte con su cliente los descubrimientos de la aventura terapéutica. No ha de estar apático con el cliente, es decir, neutral, ni aceptar incondicionalmente lo que le dice, sino que ha de compartir con él sus impresiones, sorpresas, y ser impaciente y atento con él. Esta es la actitud que Perls denomina «de simpatía». La explotación deliberada de los sentimientos personales del paciente y de sus vivencias es una herramienta específica de la Gestalt.

Si el terapeuta tiene una relación de simpatía con el cliente, podrá proporcionarle todo el apoyo y sostén que el cliente busca. Si no, corre el riesgo de que se sienta culpable o esté a la defensiva. Además, muchas veces, los terapeutas se comprometen demasiado en la relación con el cliente y no se dan cuenta de la naturaleza extraordinariamente sutil de las técnicas de manipulación del paciente. Esto puede hacer fracasar la terapia.[56]

En efecto, para realizar el cambio, es decir, la transición de una dependencia cara a cara de ayudas externas o de una dependencia con su terapeuta, a la movilización de los propios recursos basados en las adquisiciones personales, el terapeuta debe instaurar un mecanismo de frustración ante las tentativas del cliente de pedir ayuda exterior. Esto no podrá hacerlo si la simpatía no le deja ver las manipulaciones.

El terapeuta tiene que tener un conocimiento global, y en ocasiones intuitivo, de la situación que se le presenta. Debe ser consciente de sus propias necesidades, emociones, reacciones a las manipulaciones (a veces, inconscientes) de la persona que recibe la terapia, y de las necesidades de esta y de sus reacciones ante el terapeuta. Además, el terapeuta debe sentirse libre para hablar. Puede también formular libremente frases del tipo «cuando me expones los problemas que tienes con tu familia de esta manera monocorde y con cara triste me enfado: no me gusta que termines este monólogo con esta pasividad».

El terapeuta está centrado y seguro de su cliente y de sí mismo, no duda en compartir deliberadamente una parte de su resentimiento con su cliente. Y como dice Abrahan Levitzky, alumno de Perls: «¡La Gestalt es una terapia centrada en el terapeuta!».

El estilo del terapeuta

Las encuestas demuestran que los psicoterapeutas emplean cada vez menos una sola terapia e integran diferentes orientaciones en su trabajo. Además, la gran mayoría de los terapeutas han

---

56. Noël Salathé, *Précis de Gestalt-Thérapie*, Amers, 1987.

recibido varias formaciones. La personalidad, el «estilo» del terapeuta, sus competencias personales y relaciones, y su capacidad de establecer una verdadera alianza terapéutica, son más importantes que las etiquetas de las técnicas que utilizan.

La idea de transferencia en la terapia Gestalt

El término «transferencia» ha adquirido un significado muy preciso en el psicoanálisis. Pero la Gestalt sigue siendo prudente a la hora de apropiar masivamente este término psicoanalítico, utilizado en un contexto sensiblemente diferente.

Todos los autores coinciden en subrayar el lugar primordial del encuentro, de la relación que se establece entre el cliente y su terapeuta.

El trabajo en psicoterapia facilita la nueva elaboración del sistema de percepción y representación del cliente, pero una percepción así no implica necesariamente la hipótesis de mecanismos transferenciales.

> Lo que ocurre en realidad no es que el paciente neurótico transfiera los sentimientos que tiene hacia su madre, su padre, su pareja o su terapeuta. Diríamos que el neurótico, en algunos terrenos, no ha conseguido superar ciertas modalidades estrechas y limitadas de la experiencia característica del niño pequeño y, por consiguiente, ve a la pareja o al terapeuta a través de los mismos espejos deformantes y restringidos por medio de los cuales veía a su padre o a su madre. Este problema se ha de entender en términos de la manera de ver y relacionarse con el mundo, por lo que no se puede entender la transferencia como un desplazamiento de los sentimientos de un objeto a otro.[57]

La mayoría de terapeutas gestaltistas contemporáneos no se opone a estos mecanismos transferenciales, pero se interroga sobre la oportunidad de su explotación de manera deliberada.

---

57. Rollo May, «Contributions of Existential Psychotherapy», en *Existence*, Basic Books, 1958.

- La transferencia del cliente en el terapeuta.

- La contratransferencia del terapeuta en respuesta a esta transferencia.

- La transferencia del terapeuta en determinados clientes (vistos como «hijos», «padres», rivales, alumnos, etc.).

- La contratransferencia del cliente en respuesta a la transferencia del terapeuta.

- Los sentimientos actuales del cliente sobre la persona del terapeuta.

- Los sentimientos actuales del terapeuta sobre el cliente.

■ La deontología

Los cuatro principios fundamentales de la deontología del terapeuta gestaltista son:

- La regla del secreto: Se aplica al terapeuta en el ejercicio de su actividad profesional, pero también a los participantes de un grupo.

- La abstinencia sexual: Permite al cliente evocar y trabajar todos sus deseos afectivos y sexuales sin ambigüedad.

- El no pasar a la acción: Garantiza esencialmente la seguridad física de la persona y de las que le rodean, especialmente en un trabajo violento sobre las secuencias emocionales, como la ira y el odio.

- La relación con el dinero: Rige el buen funcionamiento entre el cliente y su terapeuta, y depende de las sesiones: coste de una sesión, consecuencias financieras por una sesión olvidada, etc.

---

58. Véase cita anterior.

La terapia individual

Es bastante frecuente empezar una psicoterapia individual cogiendo un modelo basado en el psicoanálisis según la mentalidad de las personas. La elección de un terapeuta se suele hacer por recomendación de otras personas, de diferentes organismos profesionales o mirando Internet. Los futuros clientes, a veces, tienen problemas para distinguir entre psicoterapeutas, psicólogos, psicoanalistas y psiquiatras.

Los principios de la terapia gestaltista

■ La psicoterapia gestaltista no es un psicoanálisis

En la cura psicoanalista clásica, el paciente se echa en el famoso diván y se le invita, según la «regla fundamental», a exponer, sin censura, todo lo que le viene a la mente. Son «asociaciones libres», según el vocabulario del psicoanálisis. El silencio casi total del psicoanalista recibe los sueños, lapsus y acciones fallidas, permitiendo la apertura del campo de lo inconsciente. El paciente puede proyectar su imaginación sin que la realidad interfiera. El analista se encuentra retirado, detrás del paciente, lejos de su vista, y así revela menos su personalidad y está más protegido de la seducción.

Sin embargo, y a no ser que sea un profesional rígido que protege la «regla», todo psicoanalista se encontrará algún día ante un paciente que sea incapaz de expresar su historia con palabras mientras él está en silencio. Esta es una de las limitaciones de este tipo de terapias.

En la terapia Gestalt, el hecho de que el terapeuta esté en el campo visual del paciente y que se implique en el contacto y en las interacciones, sitúa la relación a un nivel diferente al del psicoanálisis. La terapia Gestalt es también hija del psicoanálisis, igual que las terapias reichianas (bioenergía)* o el análisis transaccional* y otras terapias humanistas y conductuales.

Pero la terapia Gestalt es una especie de niño malo, heredera de la distancia que Perls puso con respecto a Freud (de hecho, Perls critica la idea un poco caricaturesca de que él mismo se haya hecho psicoanálisis).

El terapeuta gestaltista tiene un enfoque más centrado en el «aquí y ahora», sus intervenciones son más frecuentes y se implica más. Explica a su cliente su modo de funcionamiento, sus posturas paradójicas, su deseo de ser «perfecto» y de conseguir la perfección, sus mecanismos repetitivos y otras particularidades relacionadas con su problema a tratar. Ofrece al cliente la percepción más fina de sus propios sentimientos y emociones, ampliando así la toma de conciencia precisa de su estado interior y de sus representaciones y creencias. El gestaltista se autoriza a animar al otro, a ayudarle a reunir la energía suficiente para salir de un escenario de vida infructuosa. Le demuestra que encerrarse en una cierta postura ante la vida, en ciertos pensamientos y actos, le hace no tener suficiente energía para conseguir sus objetivos.

> Estas intervenciones apropiadas parecen dar más puntos de referencia al paciente que en el psicoanálisis y podrían estar asociadas a «lo que contienen». La autonomía, objetivo de todo trabajo terapéutico, no se puede presentar hasta los últimos meses del análisis. Esto indicaría que el paciente está más «alimentado» por el psicoterapeuta.[59]

■ Las primeras sesiones

Suele ocurrir que la persona visita a dos o tres terapeutas antes de tomar la decisión. En las primeras sesiones se efectúa una primera toma de contacto. Se definen, entonces, los términos de la terapia, el ritmo y el precio de las sesiones, así como las reglas de deontología.

La psicoterapia gestaltista es un cara a cara en el que la palabra es el principal medio relacional, sobre todo durante su desarrollo.

Normalmente, son sesiones de 45 minutos o una hora. Si se trata de una situación de crisis o de un problema particular y pasajero, el terapeuta podrá proponer hacer dos sesiones por semana.

---

59. Syndicat National des Praticiens en Psychothérapie, *Profession psychothérapeute*, Buchet/Chastel.

El terapeuta gestaltista debe dar al paciente una acogida cariñosa, un contacto sincero y atento, y no debe escudarse en un silencio intimidador o en la «neutralidad benevolente», propios del psicoanálisis.

Después, y en función de su personalidad y de su estilo de intervención, escogerá los apoyos creativos, como son los objetos, dibujos o, incluso, la implicación corporal. No se abstendrá del *feedback** (comentarios), del retorno verbal constructivo, subrayando la incoherencia de un gesto con una palabra, una respiración dificultosa frente a un trabajo u otro.

■ Los motivos de la consulta

La Gestalt es una psicoterapia y Perls consideraba que sería una pena restringir un enfoque tan rico solo a los «enfermos». Además, hablaba de la Gestalt como una «terapia para gente normal», según su manera habitual de provocar.

Algunas personas que piden ayuda y desean una terapia individual no siempre saben cuáles son sus verdaderas necesidades. Muchas veces hablan de un malestar en su interior, una pérdida de confianza, una especie de depresión latente. Casi siempre dicen tener necesidad de «conocerse mejor», de comprenderse mejor.

En otros casos, el futuro cliente llega a la terapia con un objetivo que enuncia claramente. Puede, por ejemplo, querer mejorar la relación con su madre o su pareja, o declara que ya no puede más con la sumisión a su jefe. Van a la terapia para encontrar la solución, pensando que va a aparecer rápidamente, como por arte de magia, sin imaginar que van a tener que pasar por un proceso personal para lograrlo.

¿El paciente es un cliente?[60]

- Es importante saber a quién se le va a hacer la terapia (un cliente, un paciente, un sujeto, un socio, un protagonista) por-

---

60. Serge Ginger, *La Gestalt, une thérapie du contact*, Hommes et Groupes Editeurs, 2003.

que las exigencias son diferentes para cada una de estas posiciones, las cuales además pueden referirse a la misma persona.

- Para los romanos, el «cliente» era un ciudadano protegido por un patrón poderoso en el sentido de «alguien que puede recurrir a los servicios de otra persona mediante una retribución».

- El «paciente», tal como se llama generalmente en el contexto médico, es aquel que soporta o sufre pasivamente una intervención.

- El «sujeto», que viene del latín *subjectus*, es aquel que está «bajo alguien», «sumiso» o subordinado. En el plano etimológico, el sujeto está más desvalorizado que el «objeto», que está «delante».

- El «socio» es una persona con la que se está asociado, con la que se tiene una conversación y una relación. El nombre se corresponde bien con la Gestalt.

- El «protagonista» es el actor que juega el papel principal en un problema. En este caso, el terapeuta no es más que el «deuteragonista», el que hace el papel secundario.

■ Los compromisos del terapeuta

El terapeuta gestaltista está muy atento a los procesos de la relación individual que desarrolla con su socio. Por esta relación, el terapeuta está totalmente unido al otro ser. No puede mostrarse indiferente a los dramas humanos que se le presentan ante sus ojos (además, no querría).

Depresión, dolor, angustia, amor insano, celos, envidia, frustración, mala salud, problemas económicos o de reconocimiento social, rupturas, divorcios, traición, poder, conflicto, sexualidad... Estos son algunos de los problemas que los clientes «aportan» en su terapia con la esperanza de encontrar una solución.

El terapeuta ya ha realizado un largo trabajo sobre sí mismo (psicoterapia individual y/o en grupo, psicoanálisis, etc.), durante el cual habrá contactado, identificado y clarificado sus problemas existenciales. La supervisión (individual o en grupo) obligatoria completará este análisis y le permitirá entender sus actitudes, transferencias y comportamientos durante las sesiones de terapia.

Para facilitar la disponibilidad de todas sus capacidades relacionales y profesionales con su cliente, es importante que el terapeuta pueda recargar él mismo las pilas a lo largo de su carrera mediante el trabajo que realiza consigo mismo, el intercambio de las prácticas y la adquisición de conocimientos nuevos.

También el terapeuta bien ilustrado sabrá rechazar determinadas terapias porque se habrá dado cuenta de sus propias limitaciones o de su incapacidad de ayudar a la persona.

El desarrollo de la terapia

■ Las diferentes etapas

Para facilitar la explicación del desarrollo de una terapia gestaltista, hemos optado por un estilo ilustrativo, con el ejemplo de un cliente, Ferdinand, de 23 años, y algunas indicaciones «técnicas».

Ejemplo de Ferdinand

- El objetivo del cliente: Ferdinand es un chico tímido, le cuesta encontrar pareja y además le encantaría «formar una familia como todo el mundo». El objetivo de sus sesiones de terapia individual es ayudarle a salir de su mutismo paralizante, a ser capaz de entablar relación con una persona del sexo opuesto sin avergonzarse ni ruborizarse, a tener con ella una relación amorosa.

- La elección del terapeuta: Ferdinand ha elegido a una mujer terapeuta, Charlotte. Tiene 43 años y enseguida la ve como una persona dulce y buena. Es terapeuta Gestalt, pero, a decir verdad, Ferdinand no sabrá hasta más adelante el significado de esta orientación terapéutica. Ha encontrado a Charlotte en internet, y no sabe qué terapia emplea. El primer contacto telefónico no le ha costado demasiado esfuerzo: se ha sentido relajado y ha sido directo, cosa que ha favorecido el contacto.

- *El proceso de puesta en marcha y el contrato*: Charlotte invita al joven a realizar seis sesiones para empezar: después harán una evaluación sobre su progreso y determinarán juntos cómo proseguir. Cada sesión dura una hora y se realiza cada quince días. Ferdinand trabaja en una fábrica grande y considera que no tiene medios suficientes para realizar sesiones semanales. El martes a las diez, cada quince días.

- *El lugar*: El despacho de la terapeuta tiene una recepción bonita y luminosa y una sala de terapia espaciosa y colorida. Ferdinand agradece que sea un espacio acogedor y se siente enseguida muy seguro. Al cabo de unas sesiones, se permite ponerse más cómodo sobre el sofá, lleno de cojines mullidos.

- *El trabajo del terapeuta*: Ferdinand, con Charlotte y su sala tan confortable, aprende a abrirse más a la vida y al contacto consigo mismo, los otros y el entorno. Se va arriesgando poco a poco a salir de su cascarón, a entender el sentido de algunos de sus problemas psicosomáticos, a experimentar pequeños logros en la sala de terapia y fuera de ella.

- *La evaluación*: Ferdinand hace la evaluación prevista inicialmente con Charlotte al acabar las seis primeras sesiones. Aunque algunos momentos le parecen dolorosos, terriblemente implicantes (para él, que siempre prefiere no implicarse), ve que es capaz de gestionar mejor determinadas situaciones y que siente menos el malestar que solía sentir casi siempre en su interior. Los dos socios acuerdan prolongar un poco la terapia para completar la realización personal de Ferdinand.

- *La cura terapéutica*: Ferdinand abandona sus frustraciones de la infancia: era asmático y pasaba muchos meses en un sitio especializado, aislado de su familia y de sus amigos. Empieza a imaginar una vida que se corresponde más con su manera de ser, con más libertad (vive con sus padres) y menos bloqueos en el terreno profesional (su timidez siempre le ha impedido ponerse al frente de la fábrica), y va a ver a su superior para iniciar una formación técnica innovadora.

- *Después de dieciocho meses*: Las sesiones empiezan a estancarse, la progresión del cliente se hace más lenta, su relación con la terapeuta más fusionada. Charlotte invita a Ferdinand a que se una a su pequeño grupo de terapia, que realiza dos sábados al mes. Ferdinand se muestra encantado ante la idea de abrirse a otras personas. Sus sesiones individuales le han permitido aumentar la confianza en sí mismo, tratar a los otros de una manera más directa y auténtica. Se lanza a ello.

- *¿Y al final?*: Ferdinand ha encontrado una pareja. Es la peluquera que se ocupa de su madre en casa. Está dispuesto a entablar una verdadera relación amorosa, comprometerse de verdad y tener relaciones sexuales con ella. Se casan al cabo de un año. Ferdinand está feliz de sus nuevas responsabilidades como marido y tiene ganas de ser papá.

Vemos, pues, que Ferdinand, ante la posibilidad de tener que elegir, ha sido capaz de ser responsable, libre, creativo y realizarse tanto en el ámbito personal como profesional. Se ha liberado de una serie de reveses de la infancia y ha podido realizar algunos de sus sueños más queridos (amar a una mujer, ser amado por ella, casarse y formar una familia).

Los bloqueos, limitaciones, pensamientos negativos y carencias, si se reviven, se reconocen, se aceptan o se tratan pueden ser transformados para reemplazar el «vivir» por el «existir» y concederse la oportunidad de comprometerse en este nuevo camino con más amor y seguridad interior.

■ Las posturas o los cinco ejes de la relación terapéutica óptima[61]

Son los cinco ejes que atraviesan la relación terapéutica y que interactúan entre ellos. Cada una de las dimensiones puede utilizarse durante las sesiones individuales para optimizar las posturas del terapeuta, su comportamiento y el del cliente.

---

61. Gilles Delisle, «La relation thérapeutique optimale», seminario en Montreal, agosto 1995.

La intimidad, el contacto y el conocimiento de uno mismo

Muchas personas son reservadas en las relaciones humanas, especialmente los clientes que vienen a vernos. Su desarrollo ha sido, para la mayor parte de ellos, cognitivo y racional. A veces, tienen dificultades para iniciar el contacto y para tomar algunos riesgos saludables.

Sin intimidad, no hay relación terapéutica, y para emprender una terapia, el cliente tendrá que enfrentarse a su miedo al contacto, a sus deseos y a sus silencios. El trabajo consiste en favorecer y mantener este contacto hasta llegar al «contacto pleno».

La intimidad es el contacto en el cual se expresan lo personal, lo confidencial, los sentimientos y los afectos. Se mide por la confianza que tiene la persona para decir y dejar ver sin miedo las consecuencias (las represalias o el abandono en una relación mutua).

Esta intimidad es recíproca, es decir, afecta tanto al terapeuta como al paciente. La función del terapeuta es sentirse cómodo con esta intimidad y este contacto, y proponer al cliente que lo esté a través de la toma de conciencia y del aprendizaje progresivo.

Conocerse mejor, sentirse más fuerte y más firme, pero también darse cuenta de sus propios límites, sus miedos y sus deseos sin obligación de enmascararlos.

La focalización

Es la dimensión más calurosa y preciosa de la relación humana, y especialmente de la relación terapéutica individual. Se trata de la capacidad del terapeuta de estar totalmente atento con su cliente, es decir, darse cuenta de lo que dice o quiere decir, de lo que es o parece ser. En un mundo de urgencias, de indiferencia y de problemas de todo tipo, esta focalización es primordial.

Si el terapeuta mira a su cliente de forma que le permita existir en su individualidad, en su singularidad y su unicidad, este podrá desprenderse de determinadas creencias o representaciones negativas, conocerse y darse a conocer tal como es.

Arriesgar

Arriesgar es osar. Osar equivocarse y osar fracasar. Si la intimidad encarna los valores femeninos y maternales del terapeuta, la toma de riesgos por parte del paciente y los medios para favorecerla encarnan los valores paternales de la relación.

No hay contacto sin novedad, sin descubrir, lo cual implica, en ocasiones, tener que abandonar el nido y lanzarse. Pero para ello se necesita seguridad y motivación. Este es precisamente el rol del terapeuta, darle a su interlocutor ganas para superarse, para realizar sus ambiciones, para salir de la culpabilidad y triunfar, mediante preguntas del tipo: «¿qué te da miedo?» o «¿en qué podrían parecerte insoportables en la realidad el éxito o la realización de tus deseos?».

Estar centrado

«Estar centrado» puede definirse como la capacidad de apoyarse en alguna cosa para llevar a cabo una acción. Si la persona no está centrada, se encontrará como en un estado de ingravidez o incertidumbre ante cualquier situación difícil o inesperada.

La capacidad de centrarse o volver a centrarse en medio de una situación turbulenta, insegura o imprevista depende de la autoestima de cada uno. Estar centrado y tener autoestima generan buena energía. La persona que consigue centrarse aumenta su capacidad de viajar en un terreno desconocido, de navegar en una existencia por definición imprevisible.

La integridad

Es la capacidad de sentir lo que es auténtico y expresarlo de forma clara y asimilable al otro. Es la honestidad profunda, la que hace decir al terapeuta, en momentos privilegiados, la verdad, pero no necesariamente toda la verdad. Cuando uno se cree obligado a decir toda la verdad, estamos hablando de «integridad». La diferencia es importante.

La integridad es un aprendizaje progresivo de la sobriedad en materia relacional y terapéutica. El terapeuta debe entrenarse para encontrar las palabras justas (por ejemplo, «estoy decepcionado»), para evitar superlativos (por ejemplo, «estoy muy decepcionado») y para enfrentarse a la posibilidad de sentir una gran variedad de emociones respecto al interlocutor.

La integridad es el valor para decir las cosas, saber rechazar, saber decir no, lo cual no excluye tener tacto y saber elegir el momento apropiado para decirlo.

(Véase el ejercicio sobre la integridad al final del capítulo.)

La terapia de pareja y de familia

El trabajo en grupo en Gestalt puede tener muchos rasgos en común con el trabajo de parejas o de familias. La base filosófica con este tipo de individuos es el concepto de las entidades económicas naturales, en las que los sistemas establecidos son considerados tan importantes como los individuos que los componen. Tal como subraya el enfoque sistémico* que también utiliza la Gestalt: la suma de las partes es diferente al conjunto del sistema; una ligera modificación en el sistema puede provocar un gran cambio.

Los terapeutas de pareja conocen bien esta situación en sus consultas.

Por ejemplo, Regina y su marido Jean-Pierre, cuando van solos a la consulta, son diferentes a cuando van juntos como matrimonio. Regina, cuando va con su marido, es una persona altiva, distante, imperativa y está todo el tiempo reconviniendo a Jean-Pierre. En cambio, cuando al cabo de diez días va sola, escucha más sus verdaderos sentimientos, está dispuesta a establecer un contacto sincero y justo, y es incluso entrañable.

Lo mismo ocurre con Sebastián cuando va a la consulta familiar con su hijo Alan, de 4 años. La mamá del niño ha muerto hace poco, pero su lugar en esta constelación familiar es innegable. Sebastián se comporta como un padre intransigente cuando va con su hijo y aprovecha cualquier ocasión para adoctrinarle porque no quiere fallar en su educación. Cuando va solo a la consulta, Sebastián se derrumba, siente pena por Alan porque no tiene a su mamá, se culpabiliza de no haber estado presente hasta su muerte, etc.

Cada vez que veo en grupo a la gente con la que he trabajado individualmente, me siento como un novio cuando sus padres van a conocer a los futuros consuegros. Este fenómeno sería aún más sorprendente si, en lugar de ver a la gente en nuestra consulta, pudiéramos verla en su casa como hacen los asistentes sociales, comer con ellos, verles en el despacho, o con sus padres.[62]

La terapia de pareja

Según Serge Ginger,[63] hay cuatro fórmulas para realizar la terapia de pareja:

- Una terapia individual para cada uno con dos terapeutas diferentes.

- Una terapia para los dos con el mismo terapeuta o un par de terapeutas. Se pueden integrar algunas sesiones «a solas» para cada uno para darles la libertad de hablar de aquellos temas que sería delicado tratar delante de la pareja. La confidencialidad entre el terapeuta y cada uno de los miembros de la pareja es total.

- Un *stage* intensivo de varios días con cada una de las personas para retroceder sobre los problemas encontrados y hacer hincapié en el plano relacional y en el tema de la comunicación.

- Un *stage* reservado para parejas, que hacen los dos juntos, para encontrar soluciones a los problemas de la vida en común o para intentar separarse «con delicadeza».

■ Historia y psicodinámica de la pareja

Para la sociedad, la pareja es la célula de base; es el elemento de la

---

62. Erving y Miriam Polster, *La Gestalt*, Le Jour Editeur, 1983.
63. Ginger Serge y Anne Ginger, *La Gestalt, une thérapie du contact*, Hommes et Groupes, 2003.

estructura social. Para los individuos que componen la pareja, es una realidad compleja y cambiante.

Los vínculos de la pareja y sus pilares son de orden moral, religioso, social, afectivo y carnal. Para que una familia se merezca este nombre, debe tener por lo menos tres pilares sólidos. La única razón de la pareja podría ser intentar hacer más y mejor a dúo que individualmente. La pareja empieza a ir mal cuando los miembros hacen menos a dúo que a solas, y cuando la vida a dúo se hace más pesada que a solas.

Existe una evolución temporal de la relación de pareja por cada una de las fases de su vida. Estas fases son las siguientes:

- *Fase de luna de miel*: Es un estado de euforia en el que se niegan las realidades, un estado de felicidad y autosatisfacción de la pareja. La pareja enamorada está feliz, tiene ilusión y pasión. Pero algunos no han vivido esta fase mágica. Es el periodo en el cual te sientes enamorado, en fusión permanente con el otro y con la idea de vivir juntos toda la vida.

- *Fase de maduración creativa*: Es la edad de oro de la pareja, que se acompaña por la creación de un lenguaje propio, de un contrato implícito físico. Se establecen las bases de la pareja, el compromiso. Se instalan en un piso para crear el nido acogedor e íntimo, y empiezan a crear proyectos, como el de formar una familia. Cuando uno llega a casa, todo es felicidad, y el sábado se dedican a ir de tiendas para encontrar la lámpara a juego con la nueva cama.

- *Fase de realismo*: Las amenazas de la vida diaria se suman al veneno de la rutina. Tienen la impresión de que nada es grave porque están lidiando con las preocupaciones de los niños, del trabajo y de la familia. Y además se olvidan de que son dos. Cuando el último hijo abandona el nido, es cuando toman conciencia, sobre todo la mujer. Los cónyuges están distanciados porque no han tenido nunca un espacio-tiempo solo para ellos. Durante esta fase, a veces muy larga, empiezan a aparecer problemas graves, tales como el desempleo, la muerte de un hijo, el insomnio, la infertilidad, la infidelidad, etc.

- *Fase de resolución*: Es el periodo de envejecimiento sexual y cuando se instala el término «sexualidad de séniors». Para el hombre, formateado para tener erecciones, se establece una especie de impotencia psicógena (herida narcisista de la virilidad) con su pareja. Menos deseo, menos erotismo, los cuerpos flojean, se hace el amor a oscuras. El demonio del mediodía pone a prueba la virilidad de algunos hombres, su «potencia» regresa y están contentos de «volver a poner la máquina en funcionamiento». La mujer sufre una herida narcisista fundamental, que es el miedo a dejar de ser deseada (esto explica el apagón sexual del marido, según ella). Los niños vienen cada vez menos, a lo mejor ya son abuelos, la mujer tiene la menopausia, se ha engordado... Todo esto puede provocar una depresión latente. Si la pareja consigue llegar a las bodas de oro, la pareja que «vive» se da la mano discretamente: la pareja que está «muerta» hace una fiesta que no es más que un simulacro social y familiar.

¡La pareja es un oficio! Se cultiva como si fuera un bonito jardín.

■ Trabajar para transformar la relación con el otro

La pareja, en todas sus formas y en todos sus estados, es un medio para equilibrar las personalidades neuróticas que la componen o para reconquistar nuestra unidad primordial androgénica. En su obra *El banquete*, Platón describe un ser diferenciado e inconsciente en el origen de la humanidad. El hombre y la mujer intentan reconquistar ese estado por medio de la unión de los sexos y del amor.

> Desafortunadamente, encuentran obstáculos, y el amor se confunde muchas veces con el amor neurótico o el amor perverso, que es apropiación, posesión del otro. Aquí, el amor responde al principio de división y no al de unión de opuestos, al de la coincidencia de lo masculino y lo femenino. Cada uno busca su autonomía y quiere su existencia propia, y no quiere ser sumiso a las exigencias del otro ni que el otro se someta a su voluntad.[64]

Hemos visto que el trabajo que permite transformar la relación con el otro pasa por la exploración de su modo de representar lo mascu-

---

64. Pierre y Rose Dalens, y Laurent Malterre, *L'unité psichothérapique*, L'Harmattan, 2004.

lino y lo femenino. Esto lleva a los cónyuges a encontrar su situación relacional y emocional, que no es la de la fusión ni la de la distancia, sino la de la complementariedad. El trabajo de Gestalt y los ejercicios que realizamos tienen como objetivo permitir esta alternancia entre fusión e individualización (véase el ejercicio sobre la representación de uno mismo, del otro y de la pareja, al final del capítulo).

■ El trabajo de experimentación en el seno de la pareja

La terapia permite reunir, durante las sesiones, a dos personas que viven juntas fuera de las mismas. Un hombre llega a la consulta del terapeuta con su pareja en la vida diaria y con la que tiene que solucionar un problema conyugal. Durante la terapia, exponen su problema para que la terapeuta les ayude a ver las cosas más claras, a intensificar el conflicto durante las sesiones con el fin de que se haga más visible, más evidente. Esto favorecerá la aparición de pistas para solucionar el problema, para entender al otro e imaginar con él una vida más pacífica, pero también más feliz y atractiva.

Algunas sesiones se hacen «a solas» con el terapeuta. En estas sesiones es posible experimentar con seguridad cómo es «el marido», «la mujer», «el padre» o «el amante», y asumir así el papel del otro, que no siempre es fácil.

El trabajo gestaltista consiste también en buscar qué hace cada uno para satisfacer sus necesidades individuales, para seguir en contacto con su masculinidad o su feminidad, para enfrentarse a las situaciones y limitaciones cotidianas.

Estos intercambios y experimentaciones tienen como finalidad la de ayudar a desenmarañar los líos de las costumbres y rutinas de la pareja.

La experiencia de la terapia de pareja lleva, a menudo, a una voluntad nueva por parte de los miembros del conflicto, a escuchar al otro, a recibir el pleno impacto de lo que escuchan y a continuar hasta el final. Evidentemente, cuando hay graves incompatibilidades, la solución pasa por que los miembros renuncien y vayan cada uno por su lado. Sin embargo, muchos de los conflictos que no se han enquistado y no se han convertido en obsesiones, podrán ser solucionados a corto plazo.[65]

■ La terapia frente al conflicto conyugal y la separación

Cuando hay un desacuerdo conyugal y/o sexual, el lenguaje que regulariza los conflictos está cerrado y se entra entonces en el reino de la agresividad.* El conflicto puede ser latente o abierto (aventura extramatrimonial, compensación por el trabajo, amenaza de separación, reproches incesantes o relaciones sexuales inexistentes).

Los cónyuges que vienen a la consulta ponen a prueba su amor propio, su ego. Según sea su temperamento o su personalidad, tienen miedo a sentirse acorralados o a ponerse en una situación de fracaso. También puede ocurrir que uno de los dos pida ver a un terapeuta únicamente para demostrarle al otro «que no hay nada que hacer», por lo que estará manipulando a su pareja y al terapeuta si este no está suficientemente atento.

En el caso de un conflicto latente, es el terapeuta el que se debe dar cuenta de la dinámica posiblemente patológica de la pareja: falta de sentimientos amorosos, gran divergencia social y/o ideológica, inseguridad psicológica de uno de ellos o de los dos, aversión, odio, problemas de poder y de dominación de uno sobre otro, etc.

Cuando hay una crisis de pareja o está a punto de producirse, el terapeuta tiene que ser muy prudente a la hora de elegir las preguntas y de interpretar las respuestas porque la pareja se juega mucho. En efecto, no debería nunca agravar la situación ni provocar la ruptura de la pareja.

Ejemplo de Florián y Camila, 28 años

Florián y Camila se conocieron en la adolescencia y nunca han tenido otras parejas. Se casaron después de tres años y tienen unos gemelos de ocho meses. La libido de Camila siempre ha sido bastante baja y su marido se queja desde

---

65. Erving y Miriam Polster, *La Gestalt*, Le Jour Editeur, 1983.

hace un tiempo de que no tiene apetencia sexual. Él dice haber vivido el embarazo, después el parto largo y difícil con paciencia, pero, ahora, dice que no puede seguir con su mujer.

Cuando el terapeuta les recibe por primera vez, la crisis está en pleno apogeo. Florián y Camila se instalan en el sofá con un bebé cada uno y hablan de que no se entienden, de que están muy desanimados y nerviosos. El terapeuta se esfuerza por no aumentar la tensión y hostilidad durante la consulta.

Les propone rápidamente recibir a cada uno a solas y, cuando lo hace con Florián, se entera de que está a punto de abandonar su casa para ir a vivir con una joven compañera de trabajo porque «no puede más con su frustración sexual prolongada». Camila, que se ha enterado hace poco de las actuaciones de su marido, tiene tal depresión y frustración que no puede hacer nada por salvar la pareja.

La pareja iniciará su proceso de divorcio dos meses después, sin que el terapeuta haya podido hacer nada para encontrar otra solución que la separación.

La disfunción conyugal les lleva al saboteo. El saboteo puede realizarse a diferentes niveles (afectivo, emocional, sexual o relacional) y tendrá como resultado un desfase del deseo y de la libido.

Esta enfermedad conyugal se manifiesta por la frustración, la infidelidad, las conductas de celos y las constantes escenas. La confesión de la relación extramatrimonial conlleva, casi siempre, un proceso de ruptura del vínculo conyugal: «Una noche no pude más —dice Martina a su terapeuta—, y me senté a su lado en el sofá, apagué la tele y se lo dije todo. Me trató de zorra y me sacó de casa en pijama. ¡En ese momento nuestro matrimonio se rompió!».

Las reacciones de celos pueden ser excesivas o patológicas y dependen de la estructura psíquica de la persona que las manifiesta. Demuestran un sentimiento de frustración e injusticia, pero también de propiedad del otro y de malestar (desvalorización narcisista de la propia imagen, inseguridad frente a la pareja o rabia por perderla), aun sabiendo que su propio comportamiento excesivo y celoso pondrá a la pareja en peligro.

En este caso, la terapia nos enseña que es difícil conseguir la autonomía sin haber encontrado en uno mismo este sentimiento que son los celos (véase el ejercicio sobre los celos al final del capítulo).

> Los celos se basan en la idea de que un rival real o imaginario se ha entrometido en la relación amorosa. El celoso quiere proteger su amor de los peligros del otro. Se obsesiona con el rival, se siente atraído por él. Otorga a la tercera persona un lugar sobreexpuesto y sobrestimado en su pareja. Aporta el agua a su molino del amor.[66]

Ejemplo de desarrollo de un seminario para parejas: «Intimidad y erotismo en la pareja»

Temas de los cinco días:

- De la sexualidad al erotismo.
- Erotismo e intimidad.
- Canales sensoriales y otros ingredientes.
- Energía erótica y goce.
- Hacia un proyecto de pareja íntima y sensual.

Desarrollo del seminario:

- Mañana: Intercambios en los grupos, reglas de funcionamiento, objetivos y tema principal del día, ejercicios psicocorporales.
- Desayuno.
- Pausa y/o trabajos entre sesiones.
- Tarde: Terapia en grupo y en subgrupos, elementos teóricos y prácticos.
- Cena.

---

66. Pierre y Rose Dalens, y Laurent Malterre, *L'unité psychothérapique*, L'Harmattan, 2004.

Ejemplo de ejercicios e intervenciones:
«Mis temores, expectativas y deseos para este seminario y este día».

- En pareja: Hablar cerrando los ojos o cogidos de la mano, hablar de dos en dos con música, masaje vestidos, contacto abandonándose y sin sexo, trabajo del deseo (aquello que bloquea mis deseos, mi libido, aquello que me disgusta o que me da placer).

- Formar un grupo de hombres y otro de mujeres: Permitirse hacer preguntas indiscretas.

- «Te veo por primera vez».

- Masaje en pareja.

- Trabajar sobre la idea del contacto con uno mismo y con el otro.

- Reflexionar sobre la idea de pareja y de una relación duradera.

- Representación de mi vida sexual y erótica en forma de espiral sobre una gran hoja.

- Trabajo sobre el tema de la intimidad.

- Trabajo sobre el tema del erotismo.

- Hablar de fotos, dibujos, *collages*.

- Meditación al sol.

- Postcontacto:* lo que dejo, lo que dejamos, lo que llevo, lo que nos llevamos.

Los principios del trabajo con parejas y familias

El trabajo con las parejas reposa esencialmente sobre los mismos principios que los de la familia. Vamos a enumerar y explicar aquellos que nos parecen los más relevantes en la terapia gestaltista, pero esta enumeración no es exhaustiva.

■ Reconocimiento de las resistencias, de los mecanismos de defensa y de las evitaciones de contacto[67]

Para ilustrar los diferentes mecanismos de resistencia, el lector encontrará a continuación una serie de ejemplos, extraídos de nuestra práctica, que sacan a relucir los diferentes comportamientos, a veces inadecuados, y las pistas de las soluciones.

Las proyecciones

Una proyección es el hecho de atribuir a otro un sentimiento nuestro.

Jane, 34 años

Jane proyecta los pensamientos negativos sobre su marido, que no tiene apetito sexual. Ella está muy nerviosa porque piensa que ya no la ama, que no la desea, que quizá tenga una amante y, en general, está muy cansada y tiene muchos problemas en el trabajo.

Una mejor comunicación (de manera más profunda) evitaría este tipo de proyección y permitiría a los dos miembros de la pareja entenderse mejor y ver las cosas más claras.

Las introyecciones

Una introyección es el hecho de aceptar porque sí frases y principios que nos llegan del exterior, que pueden venir de nuestra educación, por ejemplo, y rechazar otros. Las frases suelen empezar con «hay que...», «debes...», etc.

Mateo, 29 años

Mateo expresa su insatisfacción con el trabajo de su mujer, Lilas, que considera excesivo y una fuente de cansancio para la

---

67. Véase más sobre este tema en el capítulo 5.

familia. «En una pareja, hay que encontrarse por la noche después del trabajo para hacer cosas juntos y estar con los niños». Lilas, que no ha tenido la misma educación que su marido, no entiende lo que él dice. Acaba de cambiar de trabajo y tiene que dedicarle mucho tiempo. La incomprensión de Mateo la desespera.

Si la pareja pudiera tomar más conciencia de su funcionamiento y reparar los fenómenos de la introyección, el malentendido no duraría tanto.

Las retroflexiones

La retroflexión es un proceso que supone dirigir hacia uno mismo los elementos negativos. Hacerse uno mismo lo que se querría hacerle a otro. Por ejemplo, «es mi culpa».

Carl, 46 años

Carl teme exponerle a su compañera Valeria su desacuerdo. Está enfadado con ella porque, según él, le falta al respeto cuando están con amigos. Carl se siente desvalorizado pero no se atreve a tratar el tema. En lugar de provocar una discusión sobre este tema, Carl se guarda sus sentimientos y acaba por somatizarlos. Cada vez le duele más la espalda, le cuesta dormir y se siente mal en su cuerpo y en su piel.

La terapia puede enseñar a Carl a enfrentarse al conflicto, a superarlo sin poner la pareja en peligro y a encontrar soluciones para no interiorizar su ira y poder mejorar su salud.

La confluencia

La confluencia es la simbiosis total con el otro. Su solución solo es posible con la retirada y la individualización.

Sara es celosa y desea tener a su marido «solo para ella», y lo confina en una fusión que se hace pesada y que Jack acepta cada vez menos. Un día en que él le dice que acaba de inscribirse solo al club de filatelia de su empresa, Sara se desploma. «¡Ya sabía yo que esto llegaría algún día!».

El terapeuta gestaltista puede hacer entender a la mujer que hay dos tipos de confluencia: una sana (cada uno circula de manera fluida entre la fusión y la individualización), y otra insana, incluso patológica (querer guardar al otro en una simbiosis permanente y ahogarle).

■ Sacar a relucir el buen contacto[68]

Es importante centrar la atención en los diferentes tipos de barreras que se oponen al «contacto bueno y justo» en las parejas y en las familias (barreras corporales, relacionales, ideológicas, emocionales, sociales, etc.), y mejorar la calidad del contacto mejorando la conciencia de uno mismo, del otro y de la pareja. Para que una pareja funcione y sea feliz, tiene que verse, tocarse, escucharse y hablar, pero también «probarse, intuir».

Un malentendido o un cortocircuito en estos dominios pueden provocar serios problemas o conflictos.

■ La restauración de la capacidad de elegir en la terapia Gestalt

El objetivo de una terapia Gestalt, tanto si va destinada a un individuo como a una pareja o familia, es restaurar en cada uno de los miembros la capacidad de elegir para que puedan ser o volver a ser autores o actrices de su propia vida.

A la terapia Gestalt se le denomina también «terapia de la responsabilidad» porque hace hincapié en las raíces existenciales (véase la pri-

---

68. Véase más sobre este tema en el capítulo 5.

mera parte del libro). La responsabilidad de la persona es el tema principal del trabajo terapéutico: una vez detectadas las conductas repetitivas y los bloqueos, una vez enumerados los recursos de cada uno, el terapeuta invita a su cliente a hacer sus elecciones de vida y de existencia.

El compromiso y la conversión personal en el pensamiento existencialista

El hombre es libertad. Para hacer su vida, debe optar, elegir y comprometerse con su destino y con los demás. No debe vivir el día a día imprudentemente, sino que debe acceder a una vida verdaderamente personal y consciente.

Por ejemplo, el terapeuta de una pareja que está a punto de la ruptura interrogará a su cliente y le pedirá que reflexione: «Tienes miedo al abandono y por eso sigues con una pareja que tú mismo has calificado de 'sin esperanzas ni proyectos'. Además eres autónomo económicamente y te sientes capaz de vivir solo. ¿Qué vas a hacer?».

El grupo o el trabajo colectivo en la terapia Gestalt

¿Por qué hacer una terapia de grupo?

Muchas personas consideran que es difícil, complicado y comprometido trabajar sus problemas con un grupo, y prefieren la intimidad de las sesiones individuales con su terapeuta. Nuestra postura gestaltista es diferente. De la misma forma que las sesiones en pareja presentan muchas ventajas, el grupo aporta una ayuda y una manera de enfocar el problema muy enriquecedora.

El trabajo colectivo permite desdramatizar una situación y sacarla a la luz de otra manera. Además en el trabajo colectivo son también beneficiosos el aporte y las contribuciones de los miembros del grupo. El terapeuta no está a solas con su cliente, sino rodeado de hombres y mujeres de diferentes edades y vivencias diferentes, que están atentos a lo que ocurre en las sesiones y dispuestos a dar su *feedback** constructivo al final de la sesión y a aceptar la interpretación de diferentes roles (el marido, la esposa, el hijo, la hermana, el jefe...) cuando el terapeuta o el cliente afectado lo solicite.

Además, el grupo ejerce una función de protección. El estar juntos en una misma sala, cara a cara con el terapeuta, puede dar miedo, sobre todo si se tratan temas desestabilizantes como la sexualidad. Al ejercer el grupo esta función protectora, es evidente que el terapeuta tiene más libertad y creatividad. Puede arriesgar un poco más durante el trabajo y hacer proposiciones terapéuticas más comprometedoras y estimulantes.

Las etapas de la Gestalt

Hay tres grandes categorías de etapas en la Gestalt:

- Los seminarios puntuales: Duran entre tres y cinco días y permiten descubrir la Gestalt o el estilo del terapeuta. También pueden asistir antiguos clientes que quieran explicar algo o aprovecharse del grupo.

- Las etapas por temas: Permiten establecer conexiones entre diferentes disciplinas —Gestalt y teatro, por ejemplo—, o también pueden centrarse en un tema: los sueños, la sexualidad o la imagen de uno mismo, por citar algunos.

- Los grupos continuos: semanales por la tarde o mensuales los fines de semana, por ejemplo, permiten un trabajo terapéutico en profundidad. Pueden ser sesiones «cerradas», es decir, todos los participantes entran en el grupo y lo terminan al mismo tiempo después de un número de sesiones acordado con antelación, o «lentamente abiertas», es decir, que cuando una persona se va entra una nueva.

En algunos países como México, se tiene que elegir la fórmula individual porque no hay suficientes personas para formar un grupo o para concluir la rehabilitación. Los grupos suelen estar formados por una docena de personas conducidas por uno o dos terapeutas (normalmente un hombre y una mujer). La pareja de terapeutas permite al participante dirigirse a uno o a otro según sea el problema a tratar: relación con la madre o el padre, un problema sexual, la relación con un jefe, etc.

Superar el inicio de una terapia en grupo

Una vez que se han presentado los participantes y los terapeutas, se anuncian las reglas de funcionamiento y el tema de ese fin de semana. Entonces, uno de los dos terapeutas le dará la palabra a una persona del grupo.

Bernadette, totalmente neófita en psicoterapia en general, y en la Gestalt en particular, abre el turno: «Sí, me gustaría hablar». Uno de los terapeutas le pedirá que se coloque en medio del grupo y explique su problema. Ella empieza: «Bueno, ¡estoy aquí para intentar entender por qué soy tan celosa! Le monto escenas tremendas a mi marido e incluso lanzo cosas contra la pared. El otro día...». De pronto, sin más, la chica deja de hablar. El terapeuta, sorprendido, le pide que siga, pero ella mira al grupo con ojos temerosos. Después de un silencio, se atreve a murmurar: «¿Es necesario que diga todo esto delante de estas personas?».

Bernadette se acaba de dar cuenta de que se trata de un trabajo que se hace al mismo tiempo individualmente con ella y el terapeuta, pero también con la presencia y el impacto de los otros participantes. Entonces, regresa a su sitio y pasan unas horas hasta que se familiariza con esta técnica grupal.

El desarrollo de una terapia de grupo

◼ Las sesiones

El grupo puede ser «puntual» y trabajar junto durante un fin de semana, por ejemplo, o «continuo», cuando los participantes se encuentran varias veces con los mismos terapeutas y en sesiones cada tres o seis semanas.

El terapeuta dedica la mayor parte del tiempo de una sesión al precontacto* (véase el ciclo del contacto en el capítulo 5). Es entonces cuando cada uno se presenta, o explica sus novedades si el grupo ya ha sido constituido anteriormente. Esta sesión favorece la implicación personal. Este turno del grupo se denomina «meteo»: «Hola, estoy contento de conoceros a todos y de pasar estos tres días con vosotros. ¿Cómo me siento hoy? Bueno, todavía un poco dormido. Además me ha costado dejar a mi hija de dos años esta mañana para venir aquí porque cuando me voy se pone a llorar y me duele en el alma... Por lo que a mi meteo se refiere, está un poco perturbada emocionalmente, pero al mismo tiempo tengo algunas ideas de cómo avanzar en mi problemática».

Después se suceden las secuencias llamadas «de trabajo», en las que cada uno habla de sus dificultades mientras se deja ayudar por los terapeutas y los miembros del grupo. A veces, hay que armarse de valor para decir «me propongo trabajar» y beneficiarse así de toda la atención del terapeuta y del *feedback** del grupo. A los principiantes muchas veces les cuesta arrancar, pero la frustración de no poder explicar sus dificultades y los ánimos que reciben de los otros miembros del grupo les ayudan a hacerlo.

El terapeuta trabaja individualmente con la persona, y el resto del grupo sirve de espejo y amplificador del problema que se está tratando. Al final de la sesión, los participantes comparten sus emociones. En otras ocasiones, se le pide a un individuo del grupo o al grupo entero que represente un papel; por ejemplo, el de la hermana pequeña de la persona que está hablando o el del hijo de su vecino.

Al final de la sesión se intercambian vivencias y sentimientos, la interioridad de cada uno, el *feedback* sobre las similitudes entre sus propias impresiones y las de los demás.

■ Las reglas de funcionamiento

Las reglas enunciadas en el momento del compromiso de cada participante tienen como objetivo proteger a las personas de acciones que podrían ser perjudiciales para los miembros del grupo y para el trabajo individual.

Estas reglas son las siguientes:

- *Responsabilidad:* Cada uno es responsable de sus actos y de su compromiso con el grupo por un periodo de tiempo determinado.

- *Comunicación:* Cada uno está obligado a realizar las acciones y propósitos que circulan entre los miembros del grupo fuera del campo terapéutico y que pueden estar relacionados con lo vivido por el grupo o por uno de sus miembros.

- *Protección:* No se realizará ninguna acción violeta o destructora contra uno mismo, contra el material o contra los otros. Tampoco se admitirá la violencia.

- *Secreto:* Los participantes están obligados a mantener el secreto y la confidencialidad sobre el trabajo de los otros miembros del grupo.

- *Sexualidad:* No se admitirán relaciones sexuales entre los participantes del grupo ni con el terapeuta.

¿Gestalt en grupo o de grupo?

¿Hacer la Gestalt en grupo o de grupo? Según algunos profesionales podemos hacer la siguiente distinción:

■ La Gestalt en grupo

Es un método terapéutico durante el cual la persona persigue su propia evolución delante de los miembros del grupo. Este se utiliza como una especie de campo de experimentación (dirigirse al conjunto de su familia dándoles el rol de abuelo, hermanas o hermanos a los participantes del grupo), de *feedback* y de apoyo afectivo.

Contrariamente a la terapia individual, donde el cliente y el terapeuta están solos cara a cara, y no pueden utilizar más que sus propios recursos y sentimientos, en el grupo, las posibilidades de explotación de los sentimientos, vivencias y pistas nuevas son mucho mayores.

Los beneficios de este tipo de terapia en grupo son: eficacia, rapidez, descubrimiento de soluciones nuevas e imprevistas, y un clima de seguridad y cooperación.

Ejemplo de Luna, 21 años

Luna tiene serios problemas con su familia. Piensa que sus padres tienen preferencia por su hermana pequeña Magda, porque siempre ha sido una niña dócil y brillante en sus estudios de Medicina. Luna se siente el patito feo de este sistema.

La terapeuta le propone «recomponer su familia» utilizando voluntarios del grupo. Luna encuentra un chute de energía en esta propuesta. Se levanta y escoge a su familia: Caterina, una joven rubia, hace de hermana menor; Hervé, un chico simpático, hace de hermano mayor; Roger, el papel de padre, y Lola, el de madre.

El trabajo empieza, y Luna se dirige uno a uno a los miembros de su familia, los cuales le responden, la ayudan a entender bien su problema, exacerbando, en ocasiones, sus reacciones y sentimientos. En un momento dado, Luna se encuentra frente a «su hermana menor» y le dice «¡cuatro verdades!». El «padre» también se mete acusando a su hija de no hacer suficientes esfuerzos en los estudios, de salir con chicos, etc. El tono sube, y Luna se pone a llorar.

Se encuentra en medio de su psicodrama familiar habitual. Más adelante, gracias al trabajo del terapeuta y de los *feedbacks* del grupo, Luna toma conciencia de sus celos hacia su hermana, de su comportamiento agresivo y, sobre todo, del hecho de que ella no desea encontrar una solución al problema y se refugia en su papel de víctima de la familia.

El terapeuta la anima a confiar más en «su madre», a reprocharle también a su hermano que no sea benevolente, a mirar de otra manera a los miembros de su sistema.

■ **La Gestalt de grupo**

Es un método mediante el cual el desarrollo del individuo se obtiene como resultado de la progresión del grupo. El terapeuta considera al grupo en conjunto como si fuera un único cliente. Esta fórmula, específica de la Gestalt, se desarrolla especialmente en Cleveland (Estados Unidos), y también la realiza Jean van Pevenage, psicoterapeuta, *coach* y supervisor gestaltista.

En esta práctica, el terapeuta está básicamente centrado en la dinámica interpersonal, la que se establece entre las personas del grupo, y en la dinámica grupal, la que comprende el grupo como una entidad, como un organismo vivo, mientras que en la Gestalt en grupo se trabaja sobre todo el aspecto intrapsíquico, es decir, el de cada individuo del grupo.

¿Cómo funciona un grupo?

En el seno de un grupo que posee su propia vida, su propia energía y sus propias potencialidades, todo es posible. Puede ayudar a las personas del grupo a imaginar, crear pistas y encontrar soluciones a los problemas existenciales. Para acelerar la toma de conciencia (de la que hemos hablado anteriormente) y favorecer un clima auténtico de intercambios y experimentaciones, se necesitan unas reglas fundamentales. Según sean los terapeutas y sus maneras de trabajar, estas reglas se irán introduciendo durante el desarrollo de las sesiones o se pactarán progresivamente durante el proceso.

■ Las reglas de base para los participantes en los grupos de Gestalt[69]

- Asumir la responsabilidad de su propio comportamiento: decir «yo» antes que «tú».

- Dar prioridad a aquello que se siente aquí y ahora, compartiendo los sentimientos o pensamientos en el momento en que son vividos.

- Prestar atención a la manera de escuchar a los otros: ¿escuchamos a la persona, o estamos al acecho para tomar la palabra?

- Esforzarse en hablar directamente a la otra persona más que hablar al vacío.

---

69. Se pueden encontrar estas reglas en el libro de Joseph Zinker, *Se créer par la Gestalt*, Les Éditions de l'Homme, 1981, p. 231.

- Escuchar los sentimientos de los otros y reconocerlos; evitar interpretarlos diciendo, por ejemplo: «Te sientes ansioso porque...».

- Estar atento a nuestros cambios físicos o a nuestros sentimientos, explicando, por ejemplo, nuestro dolor de cabeza durante el monólogo de alguien.

- Lo que la otra persona dice es confidencial, a no ser que haya un acuerdo tácito para divulgarlo. Esta confidencialidad es fundamental porque permite asumir riesgos.

- Arriesgarse participando en las discusiones del grupo (el grupo es un laboratorio humano en el cual es posible ensayar nuestros nuevos comportamientos).

- Aprender a poner entre paréntesis sentimientos u opiniones que podrían interrumpir cualquier cosa importante en el grupo o para una persona.

- Respetar el espacio psicológico de las personas. Si alguien está ensimismado o deprimido, respetar su deseo de estar a solas un momento.

■ La participación del individuo en el grupo

La puesta en escena de uno mismo y de su entorno

Después de las presentaciones y de haber expuesto las reglas de funcionamiento del grupo, cada uno de los miembros estará expuesto al ambiente, cargado de corrientes afectivas, con la naturaleza de los vínculos entre la gente y sus vivencias pasadas y presentes. La tensión les lleva a hablar, a aliviar sus angustias y evitaciones, y a expresar delante del grupo su problema. Esta comunicación y experimentación les permite tomar conciencia y entender mejor lo que les pasa.

Es así como progresivamente, con el apoyo y la creatividad del terapeuta, cada participante del grupo adquiere un mejor conocimiento de sí mismo y puede afrontar mejor los silencios o conflictos que hay a su alrededor, gestionar mejor los miedos, las carencias y las rivalidades. Se establecen vínculos profundos y sinceros entre las personas, las cuales aprenden a comunicar sus verdaderos sentimientos y a recibir los de los otros.

El cliente que decide participar en un «trabajo» gestaltista delante de un grupo hablará de su historia y de sus vivencias personales, de sus emociones y sentimientos.

Cualquier desequilibrio procedente de un participante provocará una reacción, en ocasiones, paradójica. Emociones intensas como la rabia, la necesidad de amor, la ira, etc., pueden emerger del participante o de las otras personas del grupo. Para superar determinadas formas de resistencia o de negación, el terapeuta puede proponer al cliente un trabajo más corporal o emocional solo, con otras personas del grupo o con todo el grupo.

Vemos también que el grupo ofrece la posibilidad al individuo de mostrar su interioridad mediante la exposición de sus fantasías, proyecciones o representaciones que hacen referencia a su pareja, a su familia, a su empresa...

El grupo juega un papel primordial puesto que es una «superficie proyectiva» y los miembros son las «figuras de identificación».

La toma de conciencia

Exponer nuestras dificultades ante los participantes de un grupo puede ser una experiencia difícil y dolorosa. Sin embargo, esta exposición provoca cambios y permite una toma de conciencia muy precisa. En un grupo de Gestalt, las personas se animan mutuamente y se autorizan a abandonar las defensas que obstaculizan su deseo de ser más auténticas y tener más acceso a sus emociones, sentimientos y procesos de acción.

La toma de conciencia que nosotros buscamos en la Gestalt es aquella que consiste en restaurar la unidad del funcionamiento total integrado de la persona. La persona primero tiene que ser capaz de entender las sensaciones y los sentimientos que las acompañan, antes de poder modificar su comportamiento y sus actuaciones. Restaurar la aceptación de la toma de conciencia es una etapa primordial hacia el desarrollo de un comportamiento nuevo.

Analizar esta toma de conciencia en grupo se puede hacer a través de múltiples ejercicios (sensoriales, verbales y no verbales).

Cuando se consigue la toma de conciencia, la persona recupera el contacto consigo misma. Es un proceso en movimiento que está siempre a nuestra disposición y no una iluminación única o esporádica que podemos conseguir en un momento particular y en condiciones especiales. La toma de conciencia está siempre presente, como una corriente subterránea a la que podemos recurrir cuando la necesitemos.[70]

Según Erving y Miriam Polster, podemos distinguir cuatro aspectos importantes de la experiencia humana sobre los que podemos concentrar la conciencia:

• *La conciencia de las sensaciones y de las acciones:* La sensación forma un tándem con la acción y con la herramienta por la cual tomamos conciencia de la acción. Identificar nuestras sensaciones de base no es nada fácil. La emergencia de las sensaciones puede acentuar el poder liberador del relato (en un grupo, por ejemplo).

• *La conciencia de los sentimientos:* Uno de los pilares de la Gestalt es tener mayor conciencia de lo que hay, es uno de los medios para abordar los sentimientos: «Concéntrate en este sentimiento y mira hacia dónde te lleva». A medida que un sentimiento se acentúa, nos obliga a manifestarlo.

• *La conciencia de los deseos:* Es una función directriz puesto que indica una dirección. Esta conciencia orienta, moviliza, canaliza y polariza. Un deseo es una mirada al futuro. Las personas que no tienen deseos, por ejemplo los deprimidos, no tienen futuro. La mayoría de personas no son conscientes de sus deseos.

• *La conciencia de los valores y de las evaluaciones:* Cuando abordamos el tema de nuestros valores y evaluaciones, utilizamos una amplia

---

70. Erving y Miriam Polster, *La Gestalt,* Le jour Éditeur, 1983.

reserva de juicios y contradicciones internas. Los valores que una persona ha construido por sí misma tienen que reconstruirse continuamente porque contienen material anacrónico.

■ La habilidad del terapeuta gestaltista

El trabajo del terapeuta consiste en orquestar el tema a trabajar para que el individuo utilice varios recursos interiores. Puede ser que la persona se encuentre en una posición de desequilibrio con respecto al grupo.

Su papel fundamental consiste en crear un ambiente que facilite la creatividad, la toma de riesgos y el espíritu de invención del propio grupo. El terapeuta no es necesariamente un líder que se hace cargo de los temas y de las puestas en escena que se presentan conforme procesa el trabajo.

Nosotros nos hemos quedado con algunos elementos que cita Joseph Zinker[71] relativos a estas cualidades dinámicas y relacionales del terapeuta. Pone el ejemplo del tema del dolor:

- Su conocimiento clínico del dolor y de estados similares.

- Su habilidad de representar una situación «real» que se puede trabajar en el grupo sin obligar a la acción.

- Su capacidad de comunicar energía al grupo, de atizar el fuego para que la acción conduzca a una solución.

- Su sensibilidad sobre la capacidad emotiva del grupo (dosis de intensidad, locura, encuentro físico y agotamiento).

- Su sentido de la oportunidad (saber cuándo detener una situación que parece ser peligrosa para algunos miembros del grupo) y su capacidad de llevar a término una acción propuesta de manera que la persona no se quede con su sufrimiento al acabar la sesión.

El terapeuta, además de saber improvisar y poner la luz y la música adecuadas, debe saber planificar el drama.

---

71. Joseph Zinker, *Se créer par la Gestalt*, Les Éditions de l'Homme, 1981, p. 236.

Las restricciones del trabajo en grupo

Es cierto que el trabajo colectivo ofrece muchas ventajas, pero existe una restricción, que es el caso de personas que hayan cometido actos prohibidos en nuestra sociedad y, especialmente, abusos sexuales, pedofilia o incesto. En estos casos, será difícil encontrar el acompañamiento de un grupo y asegurarle la protección necesaria para abordar su problema.[72]

Brigitte Martel precisa que los abusadores también tienen derecho a la psicoterapia si están decididos a no cometer más delitos. Sin embargo, es cierto que abordar este tipo de problemas necesita un marco riguroso y un lugar seguro, lo cual es difícil en un grupo donde la evocación de actos delictivos puede suscitar en los participantes emociones negativas y violentas, miedos, ganas de venganza o violencia. Mientras que estas reacciones pueden ser beneficiosas para la persona deseosa de cambiar sus comportamientos abusivos, no ocurre lo mismo con los otros miembros del grupo, que pueden considerar estos comportamientos demasiado violentos e imperdonables.

En resumen

La Gestalt se presta muy bien a un método de terapia individual. Es una terapia para «gente normal», como decía el propio Perls, y ¡no es necesario tener un problema difícil o existencial para beneficiarse de ella! A lo mejor basta con tener un deseo de desarrollo personal.

La Gestalt también está indicada para la terapia de parejas y de familias, con sus diferentes métodos interactivos sistémicos* y la puesta en situación que permite ampliar más rápidamente el campo de la conciencia y llegar a una salida favorable para el conjunto de los miembros del sistema. El trabajo colectivo que hace el grupo permite poner en escena los diferentes personajes de nuestra vida familiar, profesio-

---

72. Brigitte Martel, *Sexualité, amour et Gestalt*, Dunod, 2004.

nal y social. En vez de contar nuestro problema con palabras, nos ponemos en acción con los gestos, las emociones y las expresiones que nos hacen tomar conciencia de nuestros comportamientos, sensaciones y sentimientos reales.

Ejercicios

La terapia individual

■ ¿Cómo desarrollar la integridad?

Para desarrollar la integridad, hay que ser capaz de decirle al otro:

- Así es como yo te veo.

- Así es como me veo en relación a ti.

- Esto es lo que aprecio de ti.

- Esto es lo que no aprecio de ti.

- Esto es lo que te pido que cambies.

- Esto es lo que me comprometo a cambiar.

La terapia de pareja

■ Las representaciones de uno mismo, del otro y de la pareja

Objetivo: Cada una de las partes se reconoce como un ser sexuado, distinto al otro. El mantenimiento o establecimiento de esta diferencia permite a la pareja ser más fecunda, más global y creativa.

Consignas: La terapia propone a cada una de las partes que dibuje, en una gran hoja partida en tres partes iguales, las representaciones de sí misma (en los aspectos masculinos/femeninos), del otro (en los mismos aspectos) y de la pareja. Después, cada uno comentará sus dibujos y los de su pareja a través de descripciones objetivas y de impresiones igualmente personales.

El terapeuta indica las palabras clave del trabajo, y después, al final, interpretará los conceptos y las representaciones de lo masculino/femenino, de la pareja, de lo imaginario/real y de la fusión/separación.

▪ Los celos

El ejercicio se hace de pie y en grupo. Los participantes se ponen en parejas y se dan la mano. Figura que forman una pareja «que se ama». Entonces llega un tercero que quiere acaparar el objeto del amor de la pareja. Intenta cortar la relación y entrar en ella, mientras que la pareja forma una unidad indisociable. El hombre de la pareja que se ama se vuelve celoso, presiente un peligro potencial.

¿Cómo puede defender su pareja? ¿Debería atacar? ¿Debería hablar de sus celos? ¿O debería, al contrario, mostrar indiferencia a lo que pasa a su alrededor?

(**Nota:** En el caso de una terapia de familia, el ejercicio se puede adaptar a la rivalidad fraternal por la posesión de la madre, que es el problema. Esta rivalidad se verá exacerbada con la llegada de un nuevo hijo a la familia.)

La terapia de grupo

▪ Analizar los valores

Consignas: El ejercicio se hace con un grupo grande. Cada participante anota en una hoja los tres principios o valores que considera fundamentales en su vida, así como cualquier duda o pregunta que tenga sobre este tema. Firma la hoja.

Después, el grupo se divide formando parejas. Cada uno escucha durante diez minutos lo que el otro ha escrito y luego se invierten los roles. Este momento termina con un intercambio mutuo.

A continuación, se colocan todas las hojas sobre una mesa y la gente se pone en círculo alrededor para ir leyéndolas y descubriendo los mensajes.

Después se puede pedir al conjunto de los participantes del grupo que expliquen sus vivencias y sentimientos (*feedback.**)

Por ejemplo:

- El bien y el mal para mí.

- Lo que es primordial para mí y lo que es inadmisible.

- Lo que no haría nunca y no toleraría que hicieran otros.

- Lo que me ofende de los mensajes de los otros participantes y lo que me gusta y desearía compartir también.

Extensión del ejercicio: El grupo puede imaginar una declaración de valores para sí como grupo o para su propio equipo profesional o su familia.

Capítulo 7

La sexogestalt

La sexogestalt* aparece como alternativa, por un lado, a los métodos exclusivamente psicológicos para el tratamiento de problemas sexuales, y por otro, a la falta de eficacia a largo plazo de los métodos conductistas derivados del modelo de Masters y Johnson:[73] «Una psicoterapia no se termina hasta que no haya vida sexual orgásmica».

Utilización de la Gestalt en sexoterapia

El tema de la sexualidad está lleno de pudor, vergüenza e inhibición, y es difícil hablar de él. Además, las palabras que evocan la sexualidad suelen ser tabú, y cuando los clientes hablan de ello, utilizan un vocabulario demasiado psicológico («he tenido una bajada de la libido»), demasiado general («no llego al orgasmo») o demasiado gráfico («ella no llega a liberarse»).

La terapia Gestalt tiene como objetivo facilitar esta expresión particular haciendo uso de las palabras precisas, osando nombrar las cosas

73. Masters y Johnson, *Les mésententes sexuelles*, Robert Laffont, 1971.

y las situaciones, incitando al cliente a superar sus miedos y tabús. Es en este momento cuando empezamos a hablar de erección, felación, *cunnilingus*, etc.

El tratamiento de los problemas sexuales no es corriente en psicoterapia, aunque son el origen de muchas complicaciones ansiosas y depresivas. Muchos psicoterapeutas no tienen la formación específica y muchos pacientes «se olvidan» de hablar de esto.

Ejemplo de Antonio, 37 años

Antonio ha ido a consultar a una terapeuta sexual. Cuando llega por primera vez a la consulta de María, solo tiene ganas de una cosa: salvarse, no tener la obligación de contar sus sinsabores sexuales a esa joven que no conoce de nada y que podría juzgarlo.

Primero, ¿qué se puede decir de este caso? ¿Podemos «hablar de todo»? Pero ¿cómo? Bueno, quiero decir... ¿puedo hablarte de mis problemas relacionados con la sexualidad?

Enseguida, María le tranquiliza diciéndole que puede explicarle y hablar de todo lo que quiera y que, sobre todo, tiene que precisar bien el motivo de la consulta. «Bueno, tengo un pequeño problema en este momento con mi mujer. Quiero decir que no consigo satisfacerla plenamente; bueno, no siempre, no plenamente...». La terapeuta le ayuda a expresarse mejor con una reformulación más directa: «¿Quieres decir que actualmente te cuesta tener una erección?». Antonio se queda aliviado; por fin va a poder desarrollar el trabajo por el que ha acudido a la consulta.

La Gestalt es un método privilegiado para tratar los problemas sexuales. Nos encontramos frecuentemente en nuestras consultas con personas que ya no tienen apetito sexual, otras traumatizadas por un abuso o una separación, etc. En resumen, las personas con problemas relacionados con la vida sexual necesitan ayuda.

La Gestalt puede responder a este tipo de problemas en la medida que:

- Se puede definir como el arte del contacto: contacto consigo mismo (necesidades, deseos, miedos); contacto con el otro o con los otros (en el plano afectivo, relacional o profesional), y contacto con el entorno en general. La exploración de nuestras dificultades sexuales nos permite entender mejor nuestras maneras de estar en contacto.

- Coloca a la creatividad en el centro de la actividad humana al evitar una normalidad simplista y confiar la cuestión del acto del amor a los grandes interrogantes existenciales.

- Es una corriente de terapia de tipo humanista que da un enfoque singular a nuestros problemas existenciales y sexuales.

- Los gestaltistas prefieren hablar de las sexualidades y no de la sexualidad. Este plural hace referencia a la apertura y al derecho a la diversidad con respecto a los demás y a las leyes. Para ellos son formas de vivir, de elegir o de soportar esta energía vital, destacando la importancia de los factores culturales y los vínculos entre las sexualidades, el amor y la espiritualidad. La expresión «trabajar la sexualidad» utilizada por los terapeutas subraya este aspecto difícil y laborioso durante la terapia, necesitando al mismo tiempo asumir riesgos y prestar atención.

(Véase el ejercicio sobre el goce femenino al final del capítulo.)

El deseo

La Gestalt es, por tanto, una buena herramienta para trabajar problemas relacionados con el deseo.

El deseo es un impulso consciente que se puede desarrollar o simplemente sentir y gustar. Es el inicio del camino de la actividad sexual (véase el esquema más adelante). Puede ser endógeno, generado en el interior (imaginario, producción fantástica), o exógeno, disparado por el exterior (percepción visual, encuentro con una persona, sensaciones olfativas, etc.).

> Deseo: lado consciente de la necesidad. «Cara visible del iceberg», el deseo nace de la necesidad de poner en forma convenida, de comunicar, de anunciar, de explicar, de revelar aquello que deriva del impulso del hambre, de la sed o del orgasmo, es decir, de la vida.[74]

La falta de deseo (anafrodisia), especialmente en las mujeres, es uno de los principales problemas sexuales que se tratan en la consulta. Esta falta de deseo puede ser reciente o de siempre (esta información es esencial porque permite orientar el trabajo).

> La frigidez es la inhibición del deseo sexual y el término no debe confundirse con la dificultad de llegar al orgasmo. La falta de ganas, tanto de los hombres como de las mujeres, tanto si es total como parcial, tanto si es antigua como reciente, se inscribe en un contexto bajo la «tutela penal», en tanto que la privación acaba por sancionar una falta, y tanto si es real como si no, el sentimiento de culpabilidad que provoca basta para hacer sufrir a la persona que la padece.[75]

En el caso de bloqueo corporal del deseo (algunas mujeres manifiestan una rigidez corporal sorprendente, se mueven como si fueran un bloque, se sientan como autómatas y no se encuentran a gusto en su cuerpo), el trabajo gestaltista consiste en invitar al paciente (aquí denominado «cliente») a visualizar su cuerpo y el de su pareja aquí y ahora durante el acto sexual y a tomar conciencia de los posibles bloqueos (la pelvis está bloqueada, el cuerpo «no sabe moverse», el deseo sexual hacia la pareja ha dejado de existir). Este trabajo sobre la visualización y la movilidad puede llevar a una mujer a invertir más en su corporalidad, tanto en las sesiones de terapia como fuera de ellas (actividades corporales, danza...). También se les invita a que expliquen y trabajen determinadas disfunciones psicológicas y relacionales (introyecciones* parentales tales como «una mujer deseable es una mujer de mala vida», rutinas de pareja como hacer el amor el sábado por la noche en la oscuridad, sin cambiar nada y sin hablar, etc.).

---

74. Jacques Waynberg, *Le Dico de l'Amour*, Milán, 1989, p. 107.
75. Ídem.

- Deseo coital de procreación.
- Deseo coital de búsqueda de la fusión (formar uno solo).
- Deseo sexual de consolidación de un vínculo afectivo.
- Deseo sexual como regulador de las tensiones.
- Deseo sexual con predominio sensorial.
- Deseo coital como reforzador de la identidad sexual (receptividad en la mujer, intrusión en el hombre).
- Deseo sexual coital.

La sexogestalt como tratamiento psicosexológico

La sexogestalt es un método global perfectamente bien adaptado al tratamiento psicosexológico de:

- Los problemas sexuales masculinos.
- Los problemas sexuales femeninos.
- Las dificultades relacionales de las parejas.
- Los problemas de identidad sexual (la mayoría de los casos).
- Los problemas de orientación sexual (heterosexualidad, homosexualidad, bisexualidad, parafilias...).

■ Tratamiento

Estas dificultades pueden ser tratadas:

- En terapia individual.
- En terapia de pareja.

---

76. Fuente: Claude Rous-Deslandes.

- En terapia de grupo, de seis a doce participantes (véase capítulo anterior).

La duración de esta terapia es breve y varía entre seis y doce sesiones. Las parejas hacen sesiones de una hora y los grupos de un día.

■ Método

El terapeuta, al dejar que el cliente exponga libremente su problema o problemas, podrá identificar diferentes áreas del campo de la sexología:

- La relación sexual con sus infinitas variedades.

- La historia de la vida sexual desde el nacimiento, primeras emociones, primeras experiencias, y todos los incidentes de esta vida sexual: aborto, obesidad, enfermedades de transmisión sexual, anomalías, traumatismos...

- La relación actual de la pareja.

- La identidad del género: masculino y femenino, con sus excesos o carencias.

- Los problemas de personalidad que perturban siempre a las relaciones sexuales, en especial, por las dimensiones pregenitales o parafílicas (nueva denominación médica para designar las perversiones sexuales).

- La orientación sexual, heterosexual, homosexual o narcisista, parcial o global.

- El entorno más amplio: hijos, familia, dinero, cultura, religión...

- El estatus social.

- El estatus relacional: marido, amante, compañero, «ex»...

- El papel de cada uno de los miembros en la pareja, en la familia, en el equipo profesional, que muchas veces es diferente al estatus social (líder, víctima, renegado, opositor, salvador...).

- Los procesos del Self* en las situaciones anteriores (función ello: «lo que siento»; función personalidad: «lo que pienso que soy, lo que digo que soy»; función yo:* «¿qué voy a hacer?»).

El camino de la actividad sexual

Explicaciones

Este ciclo está formado por seis etapas. Los sexólogos Masters y Johnson lo limitan a cinco etapas, pero los terapeutas gestaltistas han visto que las otras tres tienen también importancia en el trabajo terapéutico.

Rechazo/inhibición: Se sitúa en el inconsciente y es lo que puede bloquear de forma totalmente invisible el inicio del interés sexual.

Interés sexual: Es la primera etapa y concierne especialmente a los pacientes de nuestros casos clínicos. Antes del deseo, la mujer puede estar o no interesada por la sexualidad, por los escritos sobre ella, por lo que se dice sobre ella o por los comportamientos de los miembros de su familia. Algunas personas están totalmente desinteresadas, como si la sexualidad, el erotismo y las relaciones sexuales no existieran.

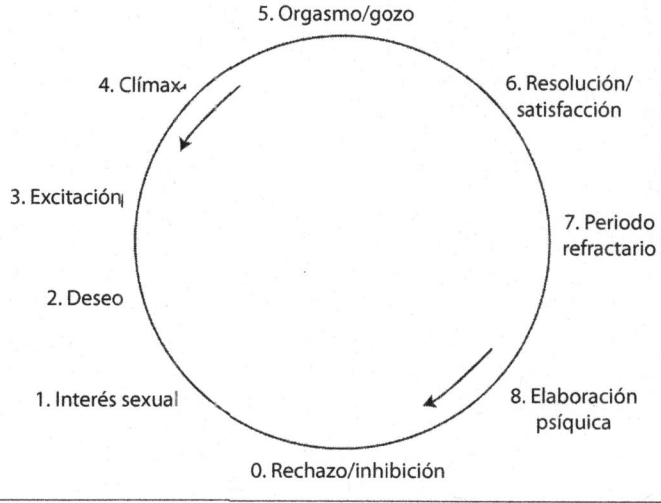

El camino de la actividad sexual

Deseo sexual: Es la toma de conciencia emocional de una tendencia, de un impulso hacia otra persona, conocida o imaginaria. Puede ser endógena o exógena, puede surgir de una necesidad o de un impulso (efecto de las hormonas o de estímulos exteriores) y puede ser activado por un pensamiento o una fantasía. Esta fase se puede desarrollar, frenar o interrumpir por la persona.

Excitación: Es la aparición de manifestaciones fisiológicas fuertes, especialmente la lubricación de la vagina y la erección. El cuerpo se prepara para los contactos más íntimos. Esta fase puede ser interrumpida por la persona si siente molestias, vergüenza o si tiene pensamientos parásitos que le apartan de la sensualidad.

Clímax: Es la etapa en la cual la excitación se mantiene a un nivel elevado. La tensión neuromuscular es alta y el cuerpo se prepara para el orgasmo. Si el orgasmo no tiene lugar la tensión tardará en desaparecer. Esta fase también puede interrumpirse por una sensación de aburrimiento, porque dura mucho o porque aparece algún dolor.

Orgasmo/gozo: Es una experiencia física y psíquica al mismo tiempo. Es una sensación que invade a todo el individuo. Las manifestaciones físicas son una liberación brutal de energía que se siente en alguna parte en concreto o puede sentirse en todo el cuerpo; esto depende de la madurez erótica de la persona.

Resolución/satisfacción: Es una etapa de modificación fisiológica durante la cual los órganos vuelven a su dimensión inicial. Es una fase de distensión que empieza después del orgasmo y la duración puede variar entre unos minutos y unas horas. Si la relación sexual ha sido bien vivida por el cuerpo y la psique, si ha habido buena relación e intimidad, se consigue la satisfacción.

> La satisfacción provoca el alivio de los sentidos como cuando uno se sacia después de una buena comida, como cuando uno se vuelve más bien refractario después del acto sexual y como los niños llenos de amor se vuelven insensibles.[77]

---

77. Boris Cyrulnik, *Sous le signe du lien*, Hachette, 1989, p. 177.

El periodo refractario: Es muy variable según las personas y está más presente en los hombres. Es el momento durante el cual no se puede reactivar otro ciclo; estimulaciones que ocurran pueden ser percibidas desagradablemente y evitar que nazca una nueva excitación. Este periodo es más largo en los hombres de edad avanzada. Sin embargo, hay que destacar que un número importante de mujeres no conocen esta fase o la conocen muy poco, y pueden empezar un ciclo rápidamente. ¡Pero su pareja no estará necesariamente disponible a su lado!

La elaboración psíquica: Es una etapa muy importante, olvidada muchas veces por los terapeutas. Es el momento en el que la persona asimila la experiencia, saca conclusiones o toma decisiones. Una mujer que tenga poco deseo por su compañero integrará esta limitación, esta molestia, tanto a nivel corporal como psíquico. La relación sexual siguiente será lo más espaciada posible porque no guardará una asimilación positiva de la anterior. Esta fase se suele dar al final del ciclo, pero también se puede producir durante todo el proceso.

Ilustraciones

En tanto que terapeutas sexuales gestaltistas, solemos utilizar este ciclo porque permite a nuestros pacientes identificar y exponer con más precisión sus problemas. Considerar los cortes sexuales como cortes inadecuados en este ciclo, como una incapacidad para cortar o como las diferencias entre los ciclos de las parejas nos da pistas interesantes y eficaces de intervención. Por ejemplo, algunas mujeres cuentan que la ruptura se produce entre las fases dos y tres del ciclo sexual. Nosotros las invitamos a mirar qué pasa en ese momento, justo cuando el ciclo se detiene. Entonces, les proponemos que hagan un dibujo y un comentario de su ciclo sexual y del de su pareja.

Es en esta ocasión cuando pueden tomar conciencia del ritmo de cada uno de los dos y de la diferencia de necesidades en cada etapa: ellas expresan su necesidad de tiempo para la excitación y ellos su necesidad de silencio después del orgasmo.

Muchas veces recurrimos a esta representación figurativa de la respuesta sexual y añadimos la idea de que un ciclo no tiene por qué ser terminado. La idea de ciclo puede entenderse como algo que ha de concluirse, pero sería terrible pensar que todo deseo debe ser seguido por el acto sexual. Es posible pues terminar el ciclo de una forma satisfactoria cuando uno lo desee, pero también es posible interrumpirlo cuando uno lo desee.

Con frecuencia explicamos esta «autorización» a nuestros pacientes, a veces demasiado «estandarizados», y les permitimos proponer a su pareja esta flexibilidad y esta fluidez en su proceso sexual. Pasar por todas las etapas cuando uno quiere sintiendo el deseo pero sin llegar jamás al orgasmo provoca tanto sufrimiento como saber interrumpir un ciclo que no nos conviene encadenándonos «obligatoriamente» al deseo y la relación sexual.

El método terapéutico de la pareja y en grupo: la enfermedad conyugal

La «enfermedad conyugal» se presenta como una asociación de disfunciones sexuales, problemas psicosomáticos y conflictos más o menos permanentes. El terapeuta se siente muchas veces desorientado porque carece de objetividad sobre los síntomas explicados (pudor, cosas que el paciente no cuenta, extrapolación de la verdad, etc.). Es necesario evaluar, en un primer momento, el estado de esta «enfermedad», sabiendo que las parejas suelen ir al terapeuta demasiado tarde, cuando ya están en la fase de separación.

La enfermedad conyugal pasa por cinco etapas:

- Etapa de la culpabilidad.
- Etapa de la resignación.
- Etapa de la agresividad.*
- Etapa de la infidelidad.
- Etapa de la separación o divorcio.

La sexogestalt al servicio de la pareja

■ Los principales ejes del trabajo en pareja

Hay que hacer una evaluación seria de la pareja en cuanto empieza la terapia.

Los criterios para elegir el cónyuge

¿Existe de verdad una elección o es fruto de la casualidad? Estoy llegando tarde a trabajar y choco con el coche de delante. La persona sale de su coche. Es un poco «como en las películas». Todo el juego de la seducción se pone en acción para establecer el vínculo. La casualidad no existe; está en relación con aquello que somos. Resulta que algunos encuentros dependen de factores de decisión objetivos, especialmente el factor socioprofesional: en la Universidad, en mi pueblo de doscientos habitantes, entre el cirujano y la enfermera, entre el jefe y su secretaria...

El uso de los servicios de las agencias matrimoniales clásicas ha disminuido. Actualmente, es Internet el que acapara todo el mercado, especialmente entre los menores de cuarenta años.

Vivimos con unos modelos, idealizaciones narcisistas o neurosis que normalmente no elegimos: la pareja puede hacerse sobre una intuición, una perspectiva de felicidad, de seguridad, de procreación y de cohabitación.

El terapeuta se interesará por estas elecciones conscientes o inconscientes de los miembros de la pareja. También podrá verificar si son idénticas o totalmente opuestas, si el otro las conoce o no. En una sesión individual con el hombre primero y la mujer después, el terapeuta incluso puede quedarse sorprendido al ver que la historia y las elecciones que le cuentan uno y otro no son para nada las mismas.

El modo de intimidad de la pareja

La ternura es uno de los componentes esenciales de la relación erótica. La ternura y la capacidad de darla y recibirla son cualidades básicas. Suele ser la primera palabra que dicen las mujeres cuando piensan en una sexualidad feliz: «Es muy cariñoso conmigo, y eso me gusta» o «Sobre todo necesito ternura».

> Acceder a la intimidad significa recibir al otro en tu propio territorio sin sentirte invadido o contaminado, y ponerte en la piel del otro sin perder la conciencia de ti mismo.[78]

A continuación, expongo algunos conceptos que se pueden trabajar en la sexoterapia de pareja:

- La intimidad se alimenta de las experiencias de placer y de los vínculos con la madre durante los tres primeros años de vida, con las alternancias de fusión/separación.

- Para acceder a la intimidad auténtica, hay que aprender a preservar nuestras fronteras personales y nuestra capacidad de dependencia.

- La intimidad totalmente transparente es peligrosa e ilusoria. Es muy difícil ser uno con el otro y seguir siendo uno mismo.

- En el goce estamos solos. Colette decía que el orgasmo es «una pequeña muerte»: algunas mujeres huyen del orgasmo para no perder la cabeza (angustia de morir).

La intimidad afecta a aspectos corporales, afectivos, intelectuales y espirituales. A veces es difícil de vivir o de crear. Para algunas personas puede haber falsas intimidades como la fusión o la promiscuidad. Pero recibir al otro en tu propio territorio implica seguridad interior y autonomía.

La intimidad implica la capacidad de estar a la escucha de tus propias sensaciones. Ahora bien, los hombres, físicamente mejor equipados que las mujeres, han relegado durante siglos el mundo de los sentimientos y sensaciones al universo femenino. El aprendizaje de esta intimidad se produce por la relación natural que el bebé instaura desde su nacimiento y a lo largo de su vida con su madre.

Esta disponibilidad afectiva depende mucho de la manera en que se instauran las relaciones precoces (prehistoria de la persona).

---

78. Willy Pasini, *L'éloge de l'intimité*, Payot, 2002, p. 240.

El prototipo de intimidad se constituye probablemente durante los dos primeros años de vida. No podemos descartar que la intimidad tenga raíces prenatales.[79]

Cuando es posible una verdadera comunicación sexual y la pareja toca un espacio que prácticamente la supera, podemos calificar este espacio de «sagrado». La expresión, un poco técnica, de «hacer el amor» puede entonces transformarse en «ser artesano del amor». (Véase el ejercicio sobre la intimidad al final del capítulo.)

La comunicación y los rituales de pareja

El dinero no controla el presupuesto afectivo de la pareja. Toda pareja debe crear su propio lenguaje verbal y no verbal. Es la creación del repertorio de la pareja en el ámbito de la gestualidad a tres niveles: rituales, expresiones y normas.

Los rituales son los que harán aceptar o no una petición: «Tengo migraña» o «Te miro a los ojos y sé que tienes ganas de mí». Esto es el marcador del apetito sexual y erótico de cada uno.

Podemos distinguir dos tipos de gestualidad:

- *Gestualidad expresiva*: Es el testigo del afecto y del amor.

- *Gestualidad reguladora*: Sirve para controlar la agresividad* de la pareja durante un conflicto.

La cuestión del amor y de la sexualidad

No todo el mundo vive un gran amor, pero sí que todo el mundo puede vivir una sexualidad. Puede ocurrir que ambas cosas estén separadas o que los dos miembros de la pareja las perciban desde diferentes ángulos. Una mejor toma de conciencia durante las sesiones de terapia permitirá a los pacientes ver el amor y la sexualidad con más claridad, y expresar sus necesidades o peticiones en estos ámbitos.

Amar a alguien es encontrar una persona que nos envía una imagen positiva de nosotros mismos, de aquí una de las dificultades de la

---

79. Ídem, p. 250.

separación. Uno está bien cuando se siente amado, pero si el otro nos engaña es insoportable. La traición es terrible y uno se imagina la escena con el amante o la amante.

Es importante ser uno mismo y poder al mismo tiempo entrar (y salir) del estado fusional: «Puedo compartir mis emociones e ideas, pero lo que vivo en mi cuerpo no puedo compartirlo más que con palabras o comportamientos, y no estoy seguro de hacerme entender», declara León, de 45 años.

¡La pareja es buena para la salud y la moral! La terapia de pareja se centra en el presente, en el futuro y en el restablecimiento de una relación completa. Este restablecimiento se efectúa en la cabeza, el cuerpo, el sexo...

■ El aprendizaje y la información

En nuestro trabajo de terapeutas sexuales solemos ver muchas personas poco o mal informadas sobre la sexualidad. El medio parental y educativo sigue siendo discreto; la sexualidad sigue siendo considerada un tabú. Si los adolescentes en el colegio no reciben la correcta información, estas personas no tendrán conocimientos sobre los aspectos sexuales y eróticos.

El terapeuta incluye generalmente una parte educativa e informativa: «No dudes en preguntarme cualquier cosa que quieras saber aunque te parezca demasiado íntima o atrevida».

También proporcionará a sus clientes una lista de libros sobre la sexualidad. Esto despertará en ellos una curiosidad sana, y los ayudará a superar las prohibiciones familiares y los tabús. (Véase ejercicio sobre las juegos de pareja al final del capítulo.)

Ejemplo de Flora, 36 años

Flora tiene un contrato con su terapeuta: cada vez que ella le pregunta sobre algún tema sexual tiene que atreverse a hablar. Al principio le costaba mucho hablar, hacer preguntas, pero poco a poco se ha ido metiendo en el «juego» y ha desarrollado una verdadera curiosidad por las «cosas del sexo». Actualmente se siente más segura de sí misma y es capaz de disfrutar hablando del deseo erótico y las prácticas sexuales.

La fuerza de los apoyos

Los apoyos son objetos, revistas o fotos que simbolizan uno u otro aspecto de la sexualidad y del erotismo. Facilitan la expresión y el diálogo, sobre todo para las personas que tienen pudor o vergüenza sobre este tema.

El objeto se puede sujetar con la mano, puede mostrarse al terapeuta o a la pareja. Aunque al principio pueda parecer un poco inquietante, permite la expresión y el contacto con el problema. (Véanse los ejercicios con mandalas, juegos de cartas y fotos eróticas al final del capítulo.)

Ejemplo de Martina e Yves, 45 años

La pareja acude a la terapia sexual de pareja porque Yves hace varios meses que no tiene deseo sexual. Ama a su mujer, pero sus relaciones sexuales se han espaciado entre uno y dos meses. Martina tiene dudas sobre el amor de su marido y por eso ha decidido consultar a un terapeuta sexual.

Este les pide utilizar grandes hojas de papel, marcadores y rotuladores de colores para dibujar la percepción actual que tienen sobre la relación amorosa y sexual con su pareja.

Martina empieza inmediatamente representando un gran círculo en medio de la hoja, dentro del cual traza unas grandes olas de color naranja y otras, más pequeñas, de color azul. «Las olas naranja son mis ganas de hacer el amor con él, pero también mi cólera porque él me evita, mis frustraciones. Las azules son más pequeñas, casi planas, y es la calma de mi marido, su indiferencia hacia mí». El tono de su voz se vuelve triste y empieza a llorar.

Yves se decide a comentar lo que ha dibujado en su hoja: está llena de grafitis, de pequeños personajes, de burbujas, de líneas negras y verdes que corren en todos los sentidos. ¡Casi no queda nada blanco en la hoja! «Me siento desbordado —dice Yves—: mi trabajo, mis hijos se meten conmigo, tenemos mucho trabajo en el piso nuevo, el divorcio de mi hermana, el malhumor de mi mujer, no tengo tiempo para hacer deporte..., y no tenemos ni un momento para hacer el amor».

Martina e Yves se sorprenden por haber conseguido dibujar espontáneamente metáforas para describir su pareja y su sexualidad. Sin estos apoyos, quizá habrían pasado mucho tiempo preguntándose cómo hablar de sus problemas y qué palabras utilizar, pero también para entender su significado.

Para el terapeuta, esta técnica juega un papel de amplificación y aceleración del proceso. También sirve para desdramatizar la situación y para reír después de llorar.

El trabajo terapéutico en grupo

La terapia de grupo es más eficaz que la terapia individual porque hay más tiempo y más contactos. Es el poder de la inteligencia colectiva.

Aunque el método de una terapia de pareja en el seno de un grupo no se puede prever ni comprender al principio, sí que puede mostrarse interesante, eficaz y seguro en su aplicación. Es cierto, las prácticas deliberadas y encuadradas en el grupo son muy enriquecedoras; permiten sacar a relucir cosas más rápidamente, detectar introyecciones* y actuar con una gran libertad (véase el ejercicio de Papá Noel al final del capítulo).

Ejemplo de Stéphanie y Maxime, 35 y 33 años

«Es imposible que mi marido y yo formemos parte de un grupo de terapia —dice Stéphanie a su terapeuta, Adelina—. Nunca sacaremos los trapos sucios delante de otra gente».

Sin embargo, cuando Adelina les propone que lo prueben durante un fin de semana, ellos aceptan, un poco como un reto. Enseguida, el ambiente de sinceridad y creatividad de los participantes les encanta, y Stéphanie y Maxime ven que pueden explorar su problemática en este marco. La red de seguridad que les ofrece el grupo hace que se impliquen más en el proceso.

En resumen

En los problemas que acabamos de exponer la sexoterapia es muy eficaz, por no hablar de que un porcentaje muy pequeño de personas dicen estar satisfechas con su vida sexual. El enfoque de la sexogestalt es interesante porque es global, es decir, tiene en cuenta los aspectos comportamentales, psicológicos y sistémicos,* y está orientado a la búsqueda de la comprensión del problema y de los resultados.

Ejercicios

El uso de la Gestalt en sexoterapia

■ El placer del cuerpo, el goce: la autoerotización femenina

La práctica autoerótica es esencial porque permite crear un vínculo entre la emoción sentimental de la joven y sus reacciones corporales. La joven entenderá también que la evocación imaginaria hace nacer la excitación sexual. El ejercicio de autoerotización permite estimular la sensualidad y el contacto íntimo consigo misma, liberando esta práctica de cualquier culpabilidad, vergüenza o asco, y dejará de considerarlo una desviación o algo «sucio».

La estimulación del clítoris y de la vulva (con un vibrador si la paciente lo desea) debe servir de punto de partida para entrenar a la paciente en el descubrimiento de su potencial corporal y erótico. Esta forma de placer debe ocupar un lugar destacado y no debe limitarse a simples ejercicios de trabajos prácticos.

Se trata de que la paciente tome conciencia de la genitalidad del cuerpo anatómico, pero también del cuerpo libidinal. Tendrá, pues, que aprender a disfrutar.

La Gestalt al servicio de la pareja

■ La intimidad

Meditación

Medita sobre lo siguiente: «La intimidad es dejar que el otro acceda a la parte más profunda de uno mismo: la vida interior».[80]

Ejercicio sobre la intimidad

Expresar al otro tus emociones, aspiraciones o temores es aprender a mostrarte tal como eres, con tus fuerzas y tus debilidades, tus bellezas y tus fealdades. Es dejar de hacer ver que eres quien no eres, dejar de disimular aquello que crees que es despreciable. «Decido no disimular mi falta de deseo y de orgasmos».

■ La política de pareja

El desarrollo armonioso de la vida en pareja y de su función erótica pasa por una «política» de pareja, es decir, la instauración de unas reglas de juego que sirven para favorecer a la pareja, para concederle un espacio de libertad y creatividad que le permita el auténtico florecimiento y crecimiento.

Puedes probar de hacer uno o varios de los ejercicios que propongo a continuación:

- Acondicionar el terreno (piso, casa...). Es muy importante que el dormitorio de la pareja sea agradable, que no esté lleno de

---

80. Leuleu Gérard, *Le traité du désir*, j'ai Lu, 2004, p. 135.

cajas ni de ordenadores, que tenga un cerrojo para evitar invasiones intempestivas de los niños o animales de compañía; que el piso esté acondicionado de manera que sea un lugar de vida e intimidad para la pareja.

- Acondicionar el tiempo libre para la intimidad (están bien los niños, claro, pero no hace falta que la pareja sea exclusivamente parental). Lo mismo se aplica a los animales domésticos, a la suegra y a la prima de Brasil (es el ejemplo de Charlotte, que no había hecho el amor con su marido durante todo el verano porque su suegra se instaló con ellos en su apartamento mientras arreglaba el suyo).

- Hacer todos los días algo agradable para el otro: mandarle un mensaje erótico o cariñoso, dejarle una nota amorosa en el cuarto de baño...

- Hacer todas las semanas algo agradable para el otro: hacer una tarea que al otro no le guste hacer, sorprenderle de una manera agradable (ir a buscarle al despacho e invitarle a cenar, etc.).

- Hacer todos los meses algo agradable: una salida romántica, la preparación de un viaje con un toque erótico (visitar el Museo del Erotismo en París, un hotel sensual...).

- Hacer cada año en el aniversario de bodas o de vuestro primer encuentro algo especial para la pareja: salir juntos una semana y aprovechar para revisar el «contrato de boda y de sensualidad», etc.

■ El juego de las cartas y las fotos eróticas (fotos-lenguaje)

Repartir una serie de cartas estilo «foto-lenguaje» que tengan escenas eróticas, hombres y mujeres vestidos de manera sensual, escenas de amor, pero también de bebés, paisajes paradisíacos, etc.

Pedir a cada miembro de la pareja que elija cinco o seis cartas que evoquen su sexualidad y su erotismo actual, y que las mire durante unos minutos. Después proponerle que explique su elección, que imagine un escenario sensual entre los personajes y las situaciones, que explique las posibles dificultades o emociones ante esas fotos.

■ La mandala o la búsqueda del sentido de aquello que transciende

Trazar un círculo en una hoja de papel y representarse en su interior con cuatro colores y su leyenda (es un dibujo que se utiliza como apoyo meditativo en algunas filosofías orientales).

El dibujo puede abrir pistas de trabajo y ser utilizado como una forma de reflexión periódica, por eso hay que poner la fecha cada vez. Permite representar simbólicamente la problemática de la pareja: «Aquí mi sexualidad es un campo vacío y frío en medio de un magma rojo».

Sirve también para darse cuenta de los cambios: «¿Qué soy en la sexualidad, en la sensualidad, en la función erótica? ¿Cuáles son mis zonas oscuras y cuáles las luminosas? ¿De qué tengo ganas? ¿Cuáles son mis deseos, frustraciones, miedos, etc.?».

El trabajo se hace con la terapeuta sexual después de que el paciente haya tenido el tiempo necesario para dibujar su mandala. El terapeuta trabaja sobre lo visible de la representación, sobre las emociones que esta genera, pero también sobre aquello que no ha sido representado, las carencias, lo olvidado. Invita entonces a la persona a que se exprese con las palabras de la sexualidad (llamando a cada cosa por su nombre) y a seguir en contacto con sus polos físico, emocional e intelectual durante la sesión.

La terapia de grupo

■ El juego de Papá Noel y de la función erótica

Es un juego para parejas que se puede hacer durante una sesión de sexoterapia de pareja en grupo o en casa, cuando la pareja esté a solas. Se trata de respetar las siguientes consignas:

- Los participantes se sientan espalda contra espalda cómodamente.

- Con los ojos cerrados, cada uno imagina primero qué podría pedirle a Papá Noel para ayudar a desarrollar armoniosamente su función erótica y la de su pareja.

- Por orden, cada uno cuenta a Papá Noel qué espera de la relación con su pareja (de manera positiva y no con reproches o quejas), los regalos que desearía recibir, sus sueños más locos, sus deseos...

- El otro escucha atentamente sin interrumpir.

- Al final, la pareja se concentra en determinar qué es factible de todo lo que han dicho. Si el trabajo se realiza en grupo, el terapeuta puede recoger los diferentes *feedbacks** de los participantes, aquello que enriquece considerablemente las aportaciones hechas por los dos miembros de la pareja.

Conclusión

La asociación de diferentes técnicas es un progreso si lo comparamos con el funcionamiento de un único pensamiento. Pero la Gestalt se interesa más por un proceso unificador e integrador que por las propias técnicas. Esta integración es el resultado de la trayectoria personal de Fritz Perls, que se extiende a partir del psicoanálisis freudiano:

- Al análisis del carácter de Willem Reich

- A la fenomenología*

- Al análisis existencial

- Al psicodrama moreniano*

Esto permite a la terapia Gestalt mostrar su eficiencia en terrenos tan variados como la psicoterapia individual, la terapia de pareja, la sexoterapia, la terapia de grupo y el *coaching* profesional. Perls pensaba, además, que la Gestalt no debía ser únicamente para personas con problemas, sino que debía ser un arte de vivir para todos.

Glosario

Agresividad: De *adgredere*, «ir hacia el otro». Para Perls es un impulso de vida y no de muerte.

Ajuste creador: Interacción activa, y no pasiva, entre la persona y el entorno.

Análisis transaccional: Fue fundado por Eric Berne entre los años 1950 y 1970. Describe la personalidad en términos de «los estados del yo» (padre, adulto y niño), y pone el acento en los fenómenos intrapsíquicos e interrelacionales («transacciones»). Analiza las disfunciones de la comunicación o «juegos psicológicos».

Awareness («darse cuenta»): Conciencia global en el presente. Atención vigilante y concentración mental en lo que se siente.

Bioenergía: Forma de psicoterapia desarrollada por Wilhelm Reich y Alexander Lowen, que combina el trabajo corporal y verbal. El análisis bioenergético considera a la persona como una «unidad psicosomática».

Catarsis: Purgación de las emociones, descarga emocional liberadora.

Cliente: Aquel que recurre a un servicio pagando. Este término tiene una connotación más interactiva que la palabra «paciente», que tiene una connotación de persona que sufre.

Conductismo: Corriente de la psicología que se concentra en el estudio del comportamiento observable y del papel del entorno como determinante del comportamiento.

Confluencia: La pérdida de la función «yo» por fusión con otra persona o con el entorno. La confluencia entre la madre y el bebé es sana.

Deflexión: Evitación del contacto, huida del aquí y ahora, «masturbación intelectual», según Perls.

Elementarismo: Teoría que se refiere a una causalidad única. Contrario = global u holístico.

Ello: Una de las tres funciones del Self, que comprende también el yo y la personalidad.

Etología: Ciencia que estudia el comportamiento de los animales (entre ellos, el ser humano), casi siempre en su medio natural.

Evitación: Sinónimo de resistencia o mecanismo de defensa.

Experimentación: Vivir, probar, sentir, experimentar por uno mismo.

Feedback: Retroacción, comentario, reflexión después de un ejercicio o una intervención, respuesta verbal. En la terapia Gestalt, toda acción ha de recibir un *feedback*.

Figura/fondo: La figura dominante del instante (Gestalt) no adquiere su sentido hasta que no se la relaciona con el fondo (segundo plano).

Frontera-contacto: El funcionamiento mental (el Self) no es solo interior, sino que está en la frontera con el entorno y, por tanto, se puede modificar al contactar con él.

Grupos de encuentro: Tipo de terapia desarrollada en el libro de Carl Rogers sobre la psicoterapia de grupo. Su enfoque centrado en la persona pone el acento en la calidad de la relación entre el terapeuta y el cliente (escucha empática, autenticidad y no juicio).

Homeostasis: Equilibrio dinámico y biológico de los seres vivos.

Inacabado: La acumulación de situaciones (Gestalts) inacabadas es una causa de neurosis.

Introyección: Ideas recibidas, principios no personalizados («hay que», «debes») de la educación tradicional.

Fenomenología: Toma como punto de partida la experiencia en tanto que intuición sensible de los fenómenos para intentar extraer las disposiciones esenciales de las experiencias, así como la esencia de aquello que se experimenta. La fenomenología es la ciencia de los fenómenos, es decir, la ciencia de lo vivido.

Polaridades: La Gestalt trabaja en la integración de los contrarios (por ejemplo, agresividad/ternura) y explora sistemáticamente el contrario o el opuesto de las situaciones aportado en la terapia.

Postcontacto: Última fase del ciclo de contacto (fase de asimilación) que permite alimentar la función «personalidad» del Self.

Precontacto: Primera fase del ciclo de contacto en la que el Self funciona en el mundo «ello» (sensaciones, excitación).

Proyección: Resistencia en la que se le atribuye al otro aquello que nos concierne. Por ejemplo: «Te noto desconfiado».

Psicodrama moreniano: Técnica desarrollada por Jacob Levy Moreno que consiste en hacer jugar al cliente los diferentes papeles de la situación que expone.

Psicología Gestalt: La psicología de la forma es una teoría general que ofrece un marco para los conocimientos psicológicos y su empleo. El ser humano se entiende como un sistema abierto que interactúa activamente con su entorno.

Psicología humanista: Disciplina elaborada por Abraham Maslow en 1974. Es la «tercera fuerza» entre el psicoanálisis y el conductismo, y tiende a hacer al hombre responsable de sus elecciones y a desarrollar sus valores espirituales.

Retroflexión: El hecho de volver contra uno mismo la energía movilizada (sufrir uno mismo, deprimirse, caer enfermo, fracasar).

Self: No se trata de una entidad como la entiende el psicoanálisis, sino de un proceso variable en la frontera-contacto con el entorno. La teoría del Self es la «columna vertebral» de la terapia Gestalt.

Sexogestalt: Utilización de la terapia Gestalt para tratar los problemas sexuales y de pareja. Yo creé este término en el año 1995 y después fue retomado en 1997 en un artículo de *Cahiers de Sexologie*.

Sistémico (enfoque): Permite superar los límites del cartesianismo (descomponer los problemas en elementos) para abordar los temas complejos que le son refractarios, gracias a una visión global de la complejidad en su entorno.

Yo: Función del Self; es el piloto responsable de las elecciones y decisiones. Las resistencias y evitaciones del contacto son una pérdida de la función «yo».

Bibliografía

ARENDT, H., *Responsabilidad y juicio*, Paidós Ibérica, 2007.

BERGERET, J., *La personalidad normal y patológica*, Gedisa, 2009.

BRENOT. P., *Dictionnaire de la sexualité (collectif)*, L'esprit du temps, 2004.

BRISSIAUD, P. Y., *Surmonter ses blessures*, Retz, 2001.

CREPAULT, C., *La Sexoanalyse*, Payot, 1997.

CYRULINK, B., *Bajo el signo del vínculo: una historia natural del apego*, Gedisa, 2009.

DALENS, P. y MALTERRE, R., *Laurent, L'unité psychothérapique*, L'Harmattan, 2004.

DELACROIX, J. M., *Gestalt-thérapie, culture africaine et changements*, L'Harmattan, 1994.

DELISLE, G., «La relation thérapeutique optimale», seminario en Montreal, agosto 1995.

FERGUSON, M., *Les Enfants du Verseau*, Calmann-Lévy, 1981.

FIÉVET, C., «Awareness, la clef du contact», memoria EPG, Promoción 1993/1994.

FREUD, S., *Compendio del psicoanálisis*, Tecnos, 1985.

Freud, S., *Inhibición, síntoma y angustia*, Amorrortu Editores, 2017.

Gellman, C., «Sexo-Gestalt. Une thérapie extensive des sexoses psychogènes», Cahiers de sexologie clinique, 1997.

Gellman, C. y Higy-Lang, Ch., «Psychothérapies pour les couples», en *Pourquoi la psychothérapie?*, Dunod, 2005.

Gellman, C. y Higy-Lang, Ch., *L'art du contact*, Éditions d'Organisation, 2002.

Gellman, C. y Higy-Lang, Ch., *Le coaching*, Éditions d'Organisation, 2002.

Gellman, C. y Higy-Lang, Ch., *Suis-je normal(e) docteur?* Eyrolles, 2004.

Ginger, S., *La Gestalt, una terapia de contacto*, Manual Moderno, 1993

Ginger, S., *Gestalt, El arte del contacto*, RBA Libros, 2005.

Ginger, S., «Vingt notions de base. Vingt ans après», Revista Gestalt de la SFG, n°1.

Ginger, S., «Frederick S. Perls», Revista Gestalt, 1990.

Guillaume, P., *La psicología de la forma*, Argos, 1947.

Husserl, E., *Ideas relativas a una fenomenología pura y una filosofía fenomenológica*, Fondo de Cultura Económica, 2013.

Israël, L., *Initiation à la psychiatrie*, Masson, 1984.

Leuleu, G., *Le traité du désir*, J'ai Lu, 2004.

Martel, B., *Sexualité, amour et Gestalt*, InterÉditions, 2007.

Masquelier, G., *Vouloir sa vie*, Retz, 1999.

Pasini, W., *Más allá del amor y del sexo*, Paidos Ibérica, 1992.

Perls, F., *Yo, hambre, y agresión*, La sociedad de cultura Valle-Inclán, 2007.

Perls, F., *Sueños y existencia: terapia gestáltica*, Cuatro Vientos, 2002.

Perls, F., *El enfoque de una terapia gestáltica*, Amorrortu Editores, 1979.

Petit, M., *La terapia gestalt*, Kairós, 2009.

Polster E. y M., *Terapia gestáltica*, Amorrortu Editores, 2009.

READ, H., *Educación por el arte*, Paidos Ibérica, 1982.

RICOEUR, P., Éthique et responsabilité, La Baconnière, 1995.

ROBINE, J. M., «Frederick Perls, vingt ans après», Revista Gestalt, 1990.

ROBINE, J. M., «Sources et contextes de la Gestalt-thérapie», Revista n°6 de la Société française de Gestalt, 1994.

SALATHÉ, N., *Psychothérapie existentielle*, Amers, 1992.

SARTRE, J. P., *Existencialismo es un humanismo (Resumen)*, Edhasa, 2006.

SARTRE, J. P., *El ser y la nada*, Losada, 2005.

SMUTS, J. C., *Holism and Evolution*, Macmilan and Co Ldt, 1926.

VANOYE, F. y DELORY-MOMBERGER, C., *La Gestalt, thérapie du mouvement*, Vuibert, 2005.

WAYNBERG, J., *Jouir, c'est aimer*, Milan, 2004.

WAYNBERG, J., *Le Dico de l'amour*, Milan, 1989.

ZINKER, J., *El proceso creativo en terapia Gestalt*, Paidós, 1980.